ACCESO GRATIS ***a la Lectura en la Nube***

Para visualizar el libro electrónico en la nube de lectura envíe junto a su nombre y apellidos una fotografía del código de barras situado en la contraportada del libro y otra del ticket de compra a la dirección:

ebooktirant@tirant.com

En un máximo de 72 horas laborales le enviaremos el código de acceso con sus instrucciones.

La visualización del libro en **NUBE DE LECTURA** excluye los usos bibliotecarios y públicos que puedan poner el archivo electrónico a disposición de una comunidad de lectores. Se permite tan solo un uso individual y privado

MANUAL DE CUMPLIMIENTO MIGRATORIO PARA EMPRESAS EN MÉXICO

MANUAL DE CUMPLIMIENTO MIGRATORIO PARA EMPRESAS EN MÉXICO

Coordinadores

DIEGO ENRIQUE SALGADO MORENO
VICENTE DUQUE GOICOCHEA
TRILCE OVILLA BUENO

Autores

JUAN CARLOS AGUILAR NOBLE
JOSÉ RODRIGO SALGADO MORENO
RODRIGO GARCÍA TORRES TRUEBA
MIRNA LORENA LUNA GÓMEZ
SERGIO ANTONIO FLORES LEÓN
MIGUEL JIMÉNEZ CALDERÓN

Comisión de Derecho Administrativo

VÍCTOR OLÉA PELÁEZ
Presidente BMA

ANA MARÍA KUDISCH CASTELLÓ
Primera Vicepresidenta BMA

tirant lo blanch
Ciudad de México, 2024

En caso de erratas y actualizaciones, la Editorial Tirant lo Blanch México publicará la pertinente corrección en la página web www.tirant.com/mex/

Este libro será publicado y distribuido internacionalmente en todos los países donde la Editorial Tirant lo Blanch esté presente.

© EDITA: TIRANT LO BLANCH
DISTRIBUYE: TIRANT LO BLANCH MÉXICO
Av. Tamaulipas 150, Oficina 502
Hipódromo, Cuauhtémoc, 06100, Ciudad de México
Telf: +52 1 55 65502317
infomex@tirant.com
www.tirant.com/mex/
www.tirant.es
ISBN: 978-84-1071-015-3

Si tiene alguna queja o sugerencia, envíenos un mail a: *atencioncliente@tirant.com*. En caso de no ser atendida su sugerencia, por favor, lea en *www.tirant.net/index.php/empresa/politicas-de-empresa* nuestro Procedimiento de quejas.

Responsabilidad Social Corporativa: http://www.tirant.net/Docs/RSCTirant.pdf

ÍNDICE

Prólogo

La migración es un fenómeno humano ancestral, mediante el cual una persona, o grupo de personas, se desplazan para cambiar su lugar de residencia de un territorio a otro. Tal y como lo señala la Oficina del Alto Comisionado sobre Derechos Humanos de Naciones Unidas, el fenómeno de la migración, en su concepto actual, es tan antiguo como el establecimiento mismo de las fronteras.

México, cuyo nombre oficial es "Estados Unidos Mexicanos", ha tenido a lo largo de su historia un papel fundamental en la migración de personas de diversas culturas y nacionalidades. Su posición geográfica, así como sus características culturales, sociales y económicas, entre otras, han colaborado a que sea un país de origen, tránsito y destino de diversos grupos de población.

Son muchas las causas y razones por las cuales grupos de población se ven en necesidad de migrar de su territorio de origen a otro, incluyendo pero no limitado a conflictos locales, persecución, búsqueda de oportunidades laborales y mejores condiciones, y factores demográficos, sociales, económicos, políticos y ambientales.

En adición a las razones personales y humanitarias, debe reconocerse y atender adecuadamente a la migración "corporativa", es decir, a la movilización global de personal empleado por empresas multinacionales y que requieren cambiar su lugar de residencia, ya sea de forma temporal o permanente, para cumplir con los objetivos de las empresas que los movilizan, y entidades e instituciones que representan.

Desde la entrada en vigor del Tratado de Libre Comercio de América del Norte en 1994, recientemente renovado en 2020 y ahora denominado Tratado entre México, Estados Unidos y Canadá, así como la implementación de legislación y normatividad cuyo objetivo consistía en promover la inversión extranjera en el país, facilitando el ingreso y libre tránsito de personas y mercancías, se han creado condiciones e implementado estrategias con el fin de integrar a México en el mercado de América del Norte bajo los acuerdos de dicho tratado. Así mismo, resulta importante considerar que México es uno de los países con más tratados de libre comercio, contando en la actualidad con catorce Tratados de Libre Comercio con cincuenta países, treinta Acuerdos para la Promoción y Protección Recíproca de las Inversiones y nueve Acuerdos de Complementación Económica y Acuerdos de Alcance Parcial.

Lo anterior ha dado como resultado que México sea uno de los principales receptores de inversión extranjera, siendo también base regional para todo tipo de empresas, entidades e instituciones, lo cual genera muchos beneficios para el país, incluyendo captación de recursos económicos y financieros, generación de empleos, creación de todo tipo de infraestructura, implementación de nuevas tecnologías, lo cual posiciona a México como un jugador clave en el entorno global.

El marco legal y regulatorio aplicable a la materia migratoria incluye desde principios y derechos fundamentales que están plasmados en la Constitución Política de los Estados Unidos Mexicanos, hasta diversas leyes (Ley General de Población, Ley de Migración, Ley de Nacionalidad, Ley sobre Refugiados, Protección Complementaria y Asilo Político, Ley para Prevenir y Sancionar la Trata de Personas, entre otras), tratados internacionales y demás acuerdos multilaterales.

Desde la implementación y entrada en vigor de la Ley de Migración y su Reglamento en 2012, nuestros legisladores han prestado especial atención a la migración conocida como irregular o indocumentada, así como a todo lo relacionado con ayuda humanitaria y protección de derechos para este tipo de migración relacionada con personas vulnerables.

Si bien lo anterior cumple con un noble propósito y es una realidad que México debe actuar con el máximo respeto hacia todos los migrantes, documentados e indocumentados, a través del Instituto Nacional de Migración y en colaboración con organismos nacionales e internacionales, como la Organización Internacional para las Migraciones de las Naciones Unidas, UNICEF, Comisión Mexicana de Ayuda a Refugiados, Sistema Nacional para Protección de Niñas, Niños y Adolescentes, entre otras, también es cierto que existen muchas áreas de oportunidad en nuestro marco legal y regulatorio para la migración corporativa arriba expuesta.

Lo anterior, considerando que al establecer un marco jurídico que brinde mayor certeza y seguridad jurídica, tanto para las empresas que requieren patrocinar permisos de trabajo como para su talento extranjero y sus familiares, se estarán creando mejores condiciones en muchos aspectos para México y todos sus habitantes, nacionales y extranjeros.

JUAN CARLOS AGUILAR NOBLE

Abreviaturas

CDMX	Ciudad de México
CEESP	Centro de Estudios Económicos del Sector Privado
CEPAL	Comisión Económica para América Latina y el Caribe
CIE	Constancia de Inscripción de Empleador
CONAHCYT	Consejo Nacional de Humanidades, Ciencias y Tecnologías
CPEUM	Constitución Política de los Estados Unidos Mexicanos
DOF	Diario Oficial de la Federación
INM	Instituto Nacional de Migración
LA	Ley de Amparo
LFPA	Ley Federal de Procedimiento Administrativo
LGP	Ley General de Población
LM	Ley de Migración
NUT	Número Único de Trámite
OIM	Organización Internacional para las Migraciones
ONU	Organización de las Naciones Unidas
PIB	Producto Interno Bruto
REPSE	Registro de Prestadoras de Servicios Especializados u Obras Especializadas
SEGOB	Secretaría de Gobernación
SRE	Secretaría de Relaciones Exteriores
STPS	Secretaría del Trabajo y Previsión Social
T-MEC	Tratado entre México, Estados Unidos y Canadá
UNICEF	Fondo de las Naciones Unidas para la Infancia
UPM	Unidad de Política Migratoria

Trascendencia de la materia migratoria

JOSÉ RODRIGO SALGADO MORENO

México tiene una ubicación geográfica privilegiada, con acceso a mercados tanto de América del Norte y del Sur, lo cual representa un puente comercial y logístico clave para muchas empresas. Contamos como país con una infraestructura sólida que incluye puertos, carreteras, aeropuertos y redes de comunicación que facilitan las operaciones comerciales para muchas empresas.

De igual modo, México representa una de las economías más grandes de América Latina y una de las economías emergentes más importantes a nivel mundial, ofreciendo así oportunidades de crecimiento en diversos sectores, como la manufactura, la tecnología, los servicios financieros, entre otros.

En este contexto, la migración corporativa en México es un fenómeno impulsado por una variedad de razones, que van desde la búsqueda de nuevos mercados y oportunidades de crecimiento, hasta la reducción de costos operativos o la diversificación geográfica.

La participación de México en tratados comerciales como el Tratado entre México, Estados Unidos y Canadá (T-MEC) proporciona un entorno favorable para las empresas que buscan acceder a mercados internacionales a través de nuestro país.

En comparación con algunos países desarrollados, los costos laborales y operativos en México pueden ser más bajos, lo que hace que sea atractivo para las empresas que buscan establecer operaciones o trasladar parte de su producción al país.

En resumen, México ofrece un entorno atractivo y propicio para la migración corporativa debido a su ubicación estratégica, a su economía en crecimiento, a los acuerdos comerciales celebrados con múltiples países, a los costos competitivos, a la fuerza laboral calificada y a la infraestructura desarrollada. Siendo así, es fundamental para las empresas que desean abrir operaciones en nuestro país cumplir con las leyes y regulaciones en materia migratoria, evitando así posibles contingencias a futuro.

Antecedentes de la migración en México

RODRIGO GARCÍA TORRES TRUEBA

La migración constituye un fenómeno intrincado y dinámico que involucra a millones de personas en todo el mundo. México, con una extensa historia de migración, tanto interna como internacional, ha sido moldeado por este fenómeno en aspectos económicos, sociales, culturales y políticos.

Cuando abordamos la migración, es esencial retroceder a sus antecedentes históricos, pues se trata de un fenómeno arraigado en la existencia humana. En la actualidad, en un mundo globalizado, la mayoría de las poblaciones en diversas regiones se originan a partir de significativas migraciones, impulsadas por conquistas, esclavitud, hambruna, guerras, violencia, inseguridad y fenómenos naturales que han forzado a millones de personas a desplazarse y establecerse en nuevos lugares. Muchas se ven compelidas a solicitar asilo, refugio o incluso a buscar reconocimiento como ciudadanos en un país específico.

A lo largo de la historia, se han registrado notables migraciones, desde los movimientos forzados entre los siglos XVI y XIX, como la esclavitud desde África hacia América, hasta los desplazamientos de trabajadores, especialmente de India y China, antes de la Primera Guerra Mundial, buscando oportunidades y ofreciendo mano de obra económica.

No podemos pasar por alto las migraciones causadas por las dos guerras mundiales, que obligaron a más de 40 millones de personas a emigrar a nuevos países.

En pleno siglo XXI, las migraciones primordiales se originan por motivos de inseguridad, violencia, cambio climático y la búsqueda de una mejor calidad de vida y empleo. Es crucial reconocer las diversas realidades experimentadas por los países receptores.

La migración es un tema complejo, y como tal puede ser distorsionado en grados alarmantes por la información errónea y la politización.

Si bien, no hay definiciones universalmente acordadas, podemos decir que la migración se refiere al movimiento de personas de un lugar a otro, ya sea dentro de su país (migración interna) o entre países (migración internacional).

La inmigración de acuerdo a la Real Academia Española de la lengua es la acción y efecto de inmigrar, por lo que podemos decir que la inmigración, o que una persona sea inmigrante, significa que ingresa a un nuevo país para establecer su residencia.

LA MIGRACIÓN EN MÉXICO

México se erige como un país intrínsecamente ligado a la dinámica migratoria, experimentando un aumento constante en el flujo de migrantes. Este fenómeno no solo engloba a aquellos que emigran en busca de nuevas oportunidades, sino también a quienes atraviesan el país en su ruta hacia un destino final, así como a aquellos que, por diversas circunstancias, se ven forzados a regresar y ser repatriados a México.

Asimismo, México asume diversas funciones dentro del panorama migratorio, siendo reconocido como:

I) País de origen,

II) País de tránsito,

III) País de destino, y

IV) País de retorno.

Estas facetas múltiples de la migración destacan su naturaleza multicausal. Cada año, millones de migrantes extranjeros utilizan a México como un punto de tránsito hacia el anhelado "sueño americano", alcanzado por muchos pero lamentablemente no por todos. La realidad para esta población vulnerable, considerada en situación de movilidad al atravesar México, es enormemente compleja. Sus derechos humanos se ven vulnerados y son víctimas de la delincuencia, especialmente de crímenes perpetrados por el crimen organizado, que incluyen robo, violación, tráfico de personas, entre otros.

ANTECEDENTES LEGISLATIVOS

Las primeras leyes relacionadas con la migración en México se remontan al siglo XIX, cuando el país se independizó de España y tuvo que regular la situación de los españoles y otros extranjeros que residían en el territorio, tales como:

- Ley de Expulsión de Españoles de 1827, la cual ordenaba la salida de todos los españoles que no hubieran jurado la independencia de México o que hubieran participado en actos hostiles contra el gobierno mexicano.
- La Ley de Extranjería y Naturalización de 1886, que reconocía el derecho de expatriación y otorgaba derechos civiles y garantías constitucionales a los extranjeros;
- Ley de Inmigración de 1909, la cual buscaba fomentar la llegada de inmigrantes europeos, especialmente agricultores, para poblar y desarrollar las regiones despobladas del país
- La Ley de Migración de 1926, que buscaba limitar la entrada de trabajadores inmigrantes para proteger el mercado laboral nacional;
- La Ley General de Población de 1974, que establecía los requisitos y condiciones para la entrada, salida, estancia y expulsión de extranjeros; y
- La actual Ley de Migración de 2011, que reconoce la migración como un derecho humano y establece un marco normativo basado en el respeto, la protección y la promoción de los derechos humanos de los migrantes.

Antes del 2012, el marco legal migratorio en México se basaba principalmente en:

- La Ley General de Población, publicada en 1974 y reformada en varias ocasiones, y su Reglamento, publicado en 2000 y modificado en 2004.
- La Ley General de Población establecía las categorías de estancia de los extranjeros en el país, así como las causas de expulsión, y otorgaba facultades al Ejecutivo Federal para regular la entrada, salida, tránsito y permanencia de los extranjeros, así como para celebrar acuerdos internacionales en materia migratoria.

- El Reglamento de la Ley General de Población precisaba los requisitos, procedimientos y trámites migratorios, así como las sanciones administrativas por incumplimiento de la ley, y creaba el Instituto Nacional de Migración como órgano desconcentrado de la Secretaría de Gobernación, encargado de ejecutar y vigilar la política migratoria.

El marco legal migratorio previo a 2012 recibió críticas de distintos sectores de la sociedad civil y organismos internacionales. Se argumentaba que no aseguraba el respeto a los derechos humanos de los migrantes, criminalizaba la migración irregular, carecía de medidas para proteger a grupos vulnerables, no se ajustaba a la realidad y complejidad del fenómeno migratorio, y no estaba armonizado con los compromisos internacionales suscritos por México.

El marco jurídico actual sobre el tema migratorio en México se compone de las siguientes normas:

- La Constitución Política de los Estados Unidos Mexicanos (CPEUM) como la norma suprema que establece los principios, derechos y obligaciones de los mexicanos y los extranjeros en el territorio nacional.
- La Ley General de Población.
- La Ley de Migración y su Reglamento.
- La Ley de Nacionalidad y su Reglamento.
- La Ley sobre Refugiados, Protección Complementaria y Asilo Político.
- La Ley para Prevenir y Sancionar la Trata de Personas.
- Ley Federal del Procedimiento Administrativo.

La actual Ley de Migración tiene un enfoque para abordar los derechos humanos, y, por tanto, debemos hablar de nuestra legislación actual para tener un contexto claro de la misma, por tanto, podemos decir que la Ley de Migración es el principal instrumento legal que regula el ingreso, salida, tránsito y estancia de los extranjeros en México, así como los derechos y obligaciones de los migrantes, nacionales y extranjeros, en el territorio nacional.

Además se basa en el respeto irrestricto de los derechos humanos de los migrantes, sin discriminación, en condiciones de igualdad con los ciudadanos, independientemente de su situación migratoria. Entre los derechos que reconoce la ley se encuentran el derecho a la vida y a la integridad personal, la libertad de expresión, conciencia y religión, el acceso a la justicia y al debido proceso, la prohibición de detención arbitraria, tortura, esclavitud y trata de personas, el acceso a la salud, la educación y los servicios públicos, la autorización de los actos del estado civil.

También establece los principios, objetivos y lineamientos de la política migratoria del Estado mexicano, que debe ser congruente, integral, ordenada, segura y facilitadora de la movilidad humana, así como de la cooperación, la corresponsabilidad y el respeto a la diversidad.

Prevé la creación de un Sistema Nacional de Migración, integrado por diversas autoridades federales, estatales y municipales, así como por organismos autónomos, organizaciones de la sociedad civil y representantes de los migrantes, con el fin de coordinar, evaluar y dar seguimiento a la política migratoria y contempla la protección especial de los grupos vulnerables de migrantes, como los menores de edad, las mujeres, los indígenas, los solicitantes de asilo, los refugiados, los apátridas y las víctimas del delito, a quienes se les garantiza el acceso a la asistencia consular, el reconocimiento de su condición, el otorgamiento de documentos, la no devolución, la no criminalización, la reunificación familiar y la integración social.

La ley se complementa con el Reglamento de la Ley de Migración, que establece las disposiciones específicas para la aplicación de la ley, así como con otras normas secundarias, como los lineamientos para trámites y procedimientos migratorios, los lineamientos para la protección de niñas, niños y adolescentes migrantes, y los lineamientos para la operación del programa temporal de regularización migratoria. Se inspira y se armoniza con los instrumentos internacionales de derechos humanos que México ha ratificado, como la Declaración Universal de Derechos Humanos, el Pacto Internacional de Derechos Civiles y Políticos, el Pacto Internacional de Derechos Económicos, Sociales y Culturales, la Convención sobre los Derechos del Niño, la Convención sobre el Estatuto de los Refugiados, la Convención Internacional sobre la Protección de los Derechos de Todos los Trabajadores Migratorios y de sus Familiares, y la Convención contra la Tortura y Otros Tratos o Penas Crueles, Inhumanos o Degradantes, entre otros.

Finalmente, la Ley de Migración también se vincula con los acuerdos bilaterales y multilaterales que México ha suscrito con otros países y organismos regionales e internacionales, como el Tratado entre México, Estados Unidos y Canadá (T-MEC), el Acuerdo de Asociación Económica, Concertación Política y Cooperación entre México y la Unión Europea, el Plan de Acción Brasil-México, el Diálogo Regional sobre Migración, el Foro Regional de Consulta sobre Migración y Desarrollo, y el Pacto Mundial para una Migración Segura, Ordenada y Regular, entre otros.

TRATADOS INTERNACIONALES APLICABLES Y VINCULANTES A MÉXICO SOBRE MIGRACIÓN

México es parte de varios tratados internacionales que regulan y protegen los derechos de las personas migrantes, tanto en el ámbito global como regional.

Entre los tratados internacionales de carácter global podemos encontrar los siguientes:

- Convención Internacional sobre la Protección de los Derechos de Todos los Trabajadores Migratorios y de sus Familiares, adoptada por la Asamblea General de las Naciones Unidas en 1990 y ratificada por México en 1991;
- El Pacto Mundial para la Migración Segura, Ordenada y Regular, aprobado por la Asamblea General de las Naciones Unidas en 2018 y suscrito por México en 2019; y
- La Agenda para el Desarrollo Sostenible 2030, adoptada por la Asamblea General de las Naciones Unidas en 2015 y que incluye entre sus objetivos y metas la facilitación de la migración ordenada, segura, regular y responsable.

Tratados internacionales de carácter regional

- Convención Americana sobre Derechos Humanos, suscrita por México en 1969 y ratificada en 1981;
- La Convención Interamericana para Prevenir y Sancionar la Tortura, suscrita por México en 1985 y ratificada en 1986;
- El Protocolo Adicional a la Convención Americana sobre Derechos Humanos en Materia de Derechos Económicos, Sociales

y Culturales "Protocolo de San Salvador", suscrito por México en 1988 y ratificado en 1996; y

- La Declaración sobre Migración y Protección de Los Ángeles, adoptada por la Organización Internacional para las Migraciones (OIM) y los países de América del Norte y Centroamérica en 2017 y que establece principios y compromisos para la protección de los derechos humanos de los migrantes en situación de vulnerabilidad.

LA SITUACIÓN ACTUAL DE MÉXICO EN DATOS

La situación actual de la migración en México presenta una complejidad notable, ya que el país desempeña roles como lugar de origen, tránsito, destino y retorno para personas migrantes. El corredor migratorio México-Estados Unidos, según la Organización Internacional para las Migraciones (OIM), destaca como el más transitado globalmente, siendo Estados Unidos el principal destino de la migración a nivel mundial. No obstante, existen flujos migratorios desde Centroamérica, el Caribe y otras regiones hacia México, además de mexicanos que migran hacia otros países.

Según datos de la Unidad de Política Migratoria (UPM) de la Secretaría de Gobernación, en el año 2023 se registraron 792,176 eventos de personas en situación migratoria irregular en México, reflejando un aumento del 77.2% respecto al año anterior. Se emitieron 61,600 tarjetas de residente temporal y 69,129 permanentes. Además, 53,346 personas extranjeras, principalmente de Guatemala, Honduras y Ecuador fueron deportadas o acogidas al beneficio de retorno asistido, con 3,552 de niñas, niños o adolescentes no acompañados[1].

En cuanto a la migración de mexicanos al exterior, se estima que en 2023 había 12,145,143 personas mexicanas viviendo fuera, siendo el 97.33% de ellas residentes en Estados Unidos[2]. Las remesas enviadas por mexicanos en el extranjero representan una significativa

---

1 *Estadísticas Migratorias Síntesis 2023*, Unidad de Política Migratoria, Registro e Identidad de Personas, Secretaría de Gobernación, 2023, págs. 32, 36 y 37.

2 *Estadísticas*, Instituto de los Mexicanos en el Exterior. SRE. Recuperado en 07 de marzo de 2024, de https://ime.gob.mx/estadisticas/.

fuente de ingresos para el país, alcanzando los 62,257 millones de dólares en 2023[3].

Los patrones migratorios en México están influidos por diversos factores económicos, sociales y políticos, tanto internos como externos. Diferencias en ingresos, empleo, pobreza, desarrollo, así como oportunidades laborales en sectores agrícola, industrial y de servicios, son factores económicos clave. Aspectos demográficos, educativos, culturales, familiares, redes sociales y violencia son considerados factores sociales, mientras que las políticas migratorias, acuerdos bilaterales, derechos humanos, seguridad e integración regional son factores políticos fundamentales.

Análisis factorial de correspondencias revela que los estados con mayor desarrollo económico son la Ciudad de México, Nuevo León, Querétaro y Jalisco, mientras que Chiapas, Guerrero y Oaxaca tienen niveles más bajos. Jalisco, Estado de México, Michoacán, Guanajuato y la Ciudad de México son los estados con mayor influencia migratoria, a diferencia de Campeche, Tlaxcala, Baja California Sur, Yucatán y Tabasco, que tienen una menor influencia. Estos resultados sugieren una relación inversa entre desarrollo económico y migración.

Otro estudio indica que la migración interna en México ha disminuido, pasando de una tasa neta de 4.3 por cada mil habitantes en 1995-2000 a 2.4 en 2005-2010. Se observa una diversificación de destinos migratorios, con menos concentración en la Ciudad de México y mayor participación de estados como Querétaro, Aguascalientes, Baja California Sur, Quintana Roo y Colima, explicada por cambios en la estructura del empleo, altos precios de vivienda, estructuras por edades de la población y dinámicas del mercado.

La migración impacta el desarrollo de comunidades de origen y destino en ámbitos económicos, sociales y culturales. Un ejemplo es el Programa 3x1 para Migrantes, que implica coinversión entre gobiernos federal, estatal, municipal y organizaciones de migrantes para financiar proyectos de infraestructura social, educativa, de salud y desarrollo productivo. En 2018, se aprobaron 2,062 proyectos con

---

3 *Reporte Analítico,* Información de Ingresos y Egresos por Remesas, diciembre de 2023, Banco de México, pág. 6.

una inversión total de 1,098 millones de pesos, beneficiando a 1,158 municipios de 31 estados, según la Secretaría del Bienestar.

En el contexto global, la migración se manifiesta como un fenómeno de alcance universal, afectando diversas regiones con sus múltiples dimensiones, tipos y ubicaciones. Esta dinámica está estrechamente ligada al desarrollo económico, social y cultural de los países de origen y destino, así como a cuestiones fundamentales como los derechos humanos, la seguridad y la integración regional.

La migración, en su complejidad, presenta tanto desafíos como oportunidades para los migrantes y sus familias, y para las sociedades receptoras o aquellas que muestran resistencia. Este fenómeno también da lugar a situaciones de vulnerabilidad, explotación, discriminación y violencia, siendo las mujeres, los niños y los migrantes irregulares particularmente susceptibles a estos riesgos.

Frente a este panorama, la migración demanda una gobernanza adecuada, sustentada en la cooperación entre naciones, la corresponsabilidad y el respeto a la diversidad. La efectiva gestión de la migración implica un enfoque integral que considere no solo los aspectos legales y económicos, sino también los derechos humanos, la inclusión e integración social y la seguridad, contribuyendo así a un abordaje más justo y equitativo de este fenómeno global.

UN PROGRAMA ¿ICÓNICO?...

A lo largo de la segunda mitad del siglo XIX y durante los primeros diecisiete años del siglo XX, la dinámica migratoria entre México y Estados Unidos era relativamente poco regulada, y había un flujo fronterizo casi natural de México hacia Estados Unidos, y viceversa. Incluso en 1909, los presidentes Porfirio Díaz y William Taft firmaron un acuerdo que podría considerarse —según el antropólogo Juan Manuel Sandoval— como el primer *Programa Bracero*, pues permitía que trabajadores agrícolas mexicanos laboraran en campos de betabel al sur de Estados Unidos[4].

---

4 J. M. Sandoval, "70 años del Programa Bracero", en *Revista de Historia Internacional del CIDE*, Año XIII, Número 52, México, D. F., 2013, pág. 55.

Durante la revolución mexicana, entre 1910 y 1920, era común que diversos sectores de la clase media y alta del norte de México emigraran a Estados Unidos casi sin restricciones, huyendo de la violencia vivida en el territorio mexicano; sin embargo, en el contexto derivado de la Primera Guerra Mundial, en 1917, en Estados Unidos se emitieron medidas que buscaban regular la migración en general y permitirla solamente a quienes supieran leer y escribir, y pagaran derechos por el cruce fronterizo, a partir del Acta de Inmigración o *Literacy Act*[5].

Así pues, el conocido *Programa Bracero*, que bajo el nombre oficial de *Programa mexicano-estadounidense de presentación de mano de obra*, fue impulsado desde 1942, por el Gobierno de Estados Unidos. Mediante este programa se buscaba que México proporcionara mano de obra, a fin de que la nación estadounidense fortaleciera su producción agrícola, en el contexto de la economía de guerra. Cabe destacar que los trabajadores participantes en este programa recibirían salarios mucho más bajos que los trabajadores estadounidenses, así como condiciones de trabajo y de alojamiento de mucho menor calidad que los estándares establecidos para los trabajadores locales[6]. Lamentablemente esta situación prevalece.

Es importante reconocer que el *Programa Bracero* implicó un cambio importante en las condiciones de empleo para los migrantes mexicanos, pues aunque seguían manteniéndose los sueldos más bajos para ellos en comparación con los ofrecidos a los trabajadores locales estadounidenses, el programa generó la primera perspectiva sistemática de contratación de trabajadores temporales mexicanos, con una visión gubernamental organizada. De este modo, la contratación de trabajadores mexicanos dejó de ser un negocio particular, de "enganche", realizado por los propios empresarios agrícolas o terratenientes estadunidenses, en el cual los sueldos pagados solían ser mucho menores que los ofrecidos mediante el *Programa Bracero*, al introducirse la presencia de los gobiernos mexicano y estadounidense. Además, con este programa se llegaron a formular acuerdos y

5 H. Galindo Quiñones y E. Coral García, *Drama y Odisea de la Migración Mexicana*, Biblioteca Nueva, 2021, pág. 21.

6 Ver Sandoval, *op. cit.*, pág. 58.

disposiciones para garantizar condiciones mínimas de legalidad, contratación, estabilidad laboral, seguridad social, vivienda, transporte y salario mínimo. La experiencia del Programa Bracero fue retomada posteriormente en conferencias y acuerdos mundiales sobre los derechos de los trabajadores migrantes[7].

MAGNITUD DEL FENÓMENO MIGRATORIO

Según la estimación mundial actual de las Naciones Unidas, en 2020 había unos 281 millones de migrantes internacionales en el mundo (en 2019 había 272 millones), lo que equivale al 3.6% de la población mundial. Esta es una pequeña minoría de la población total, lo que significa que permanecer en el país natal sigue siendo la norma casi universal[8].

La gran mayoría de las personas que migran no cruzan fronteras internacionales; la cifra de los migrantes internos es mucho mayor, aunque se observa una disminución en los dos últimos años.

La migración es un fenómeno multifactorial y sabemos que las características fundamentales varían de un lugar a otro, teniendo diferentes necesidades de información y análisis.

EN 2020, respecto a personas desplazadas, 89.4 millones de personas vivían desplazadas (refugiados, solicitantes de asilo y desplazados internos) que son más que los 84.8 millones de 2019.

CAUSAS DE LA MIGRACIÓN

La migración es un fenómeno multicausal, por eso debemos tener plenamente identificadas las distintas causas que la originan, tales como:

- Factores económicos
- Conflictos y persecución

---

7 Ver Galindo y Coral, *op. cit.*, pág. 24.

8 M. McAuliffe, y A. Triandafyllidou (eds.), 2021. *Informe sobre las Migraciones en el Mundo 2022.* Organización Internacional para las Migraciones (OIM), Ginebra. 2021, pág. 3.

- Cambio climático
- Motivos laborales
- Estudios

TENDENCIAS MIGRATORIAS

En México

- Adopción de tecnologías en beneficio de los procesos
- Atracción de profesionales extranjeros, especialmente en industrias clave
- Desarrollo económico y oportunidades laborales
- Atención a grupos vulnerables
- Nearshoring
- Nómadas digitales

Globales

- Movilidad digital
- Flujos migratorios y crisis humanitarias
- Cambio climático
- Envejecimiento poblacional en algunos países
- Impacto de la pandemia

Marco jurídico de la migración en México

MIRNA LORENA LUNA GÓMEZ

ANTECEDENTES

A lo largo de la historia de México, la migración ha tenido un impacto en cada una de las etapas de la vida del país por lo que, como Estado, se ha visto en la necesidad de ir regulando a través de la legislación la entrada, salida, tránsito y estancia de extranjeros y nacionales en su territorio, siempre apegándose a la soberanía que tiene como país, así como sus obligaciones de acuerdo al Derecho Internacional, establecidos en la misma Constitución Política de los Estados Unidos Mexicanos y Tratados Internacionales.

LEY DE INMIGRACIÓN DE 1909

En 1908 durante el gobierno de Porfirio Diaz, con base en la reforma constitucional a los artículos 11 y 73, fracción XXI de la Constitución Liberal se publicó la Ley de Inmigración. En esta ley, se deseaba prohibir la inmigración de aquellos extranjeros que debían considerarse como "inconvenientes", pero, además, impedir el tránsito de los que vinieran con el exclusivo objeto de entrar a los Estados Unidos de Norteamérica penetrando nuestras fronteras. Lo anterior es también argumento que se esgrime, en la exposición de motivos de la iniciativa de Ley de Inmigración 1909, para dar sustento a la necesidad de expedir nuestro 1er. ordenamiento jurídico migratorio del siglo XX. El principal objetivo de esta ley era abordar la entrada de extranjeros a territorio nacional, estableciendo que podían acceder libremente siempre y cuando no pusieran en riesgo la seguridad y salud del país.

La ley dedicó el Capítulo II (artículos 12 al 19) a la entrada de pasajeros por puertos de mar, mientras que el Capítulo III se centró en los inmigrantes-trabajadores y las empresas de inmigración (artículos 20 al 33). Curiosamente, la regulación de la entrada de pasajeros por vías terrestres recibió menos atención en el Capítulo IV, con sólo dos artículos y una fracción dedicada a la entrada de inmigrantes-trabajadores a través del ferrocarril (artículo 34, fracción V).

LEY DE MIGRACIÓN DE 1926

En el gobierno de Álvaro Obregón, se consideró que las disposiciones de la Ley de 1909 impedían la inmigración extranjera, y que permitía la constante entrada de individuos no tan sólo no deseables, sino abiertamente nocivos y peligrosos para nuestro país. Tras la Primera Guerra Mundial (1914-1918) se había empujado a muchas personas a migrar fuera de sus países, lo que obligó al gobierno mexicano a implementar una política migratoria para hacer frente a este fenómeno.

Asimismo, se hicieron modificaciones que incluían prohibiciones para ciertos grupos, como aquellos que no podían leer o escribir en al menos un idioma, así como el papel de los cónsules mexicanos como agentes auxiliares en el extranjero. También se hizo mención de las razones económicas y sociales detrás de estas reformas, como la crisis económica mundial y la necesidad de regular la migración para proteger los intereses de los trabajadores mexicanos. Además, se detallan las medidas para controlar la entrada y salida de extranjeros, así como las sanciones para aquellos que violen las disposiciones de la ley. En resumen, las reformas buscaban regular y restringir la inmigración de manera selectiva, abordando preocupaciones económicas, sociales y de seguridad.

LEY DE MIGRACIÓN DE 1930

La ley de reforma migratoria presentada por el entonces presidente de la República; Pascual Ortiz Rubio en 1929, donde se abordaron varios aspectos para mejorar el servicio migratorio que se consideraba deficiente debido a los defectos de la legislación anterior. Esta reforma otorgó a la Secretaría de Gobernación (SEGOB) la facultad exclusiva de fijar los lugares para el tránsito personal por puertos y fronteras, además de otras autoridades. Se establecieron facultades para regular la migración de extranjeros según su facilidad de asimilación al medio, así como para reglamentar las visitas de extranjeros a poblaciones marítimas y fronterizas[9].

La ley dividió el servicio migratorio en diferentes áreas, tanto dentro como fuera del país, y creó el Consejo Consultivo de Migración. Clasificó a las personas en inmigrantes y transeúntes, con requisitos específicos para cada grupo, como la expedición de tarjetas de identificación. Se establecieron requisitos más estrictos para la admisión de extranjeros, incluyendo la exigencia de profesión u oficio, buena conducta anterior y la prueba de veracidad en las declaraciones ante las autoridades migratorias.

La ley también reguló la admisión de transeúntes, con autorización a discreción de las autoridades locales de migración y la obligación de constituir un depósito como garantía. Se estableció un proceso para la expedición de tarjetas de identificación y se impusieron multas y sanciones para aquellos que incumplieran las disposiciones migratorias, incluyendo la deportación de extranjeros que ingresaran ilegalmente al país.

En resumen, la ley de reforma migratoria de 1929 buscó mejorar la regulación y el control de la migración extranjera mediante la ampliación de facultades de la SEGOB, la creación de nuevas disposiciones y la imposición de requisitos más estrictos para la admisión de extranjeros.

LEY GENERAL DE POBLACIÓN DE 1936

Esta fue una iniciativa presentada por el presidente Lázaro Cárdenas, con el objetivo de abordar los problemas migratorios y demográficos del país. Esta ley surgió en un contexto en el que se consideraba necesario reorganizar el servicio de migración debido a la urgente necesidad de resolver problemas migratorios. Se buscaban facultades extraordinarias para expedir una nueva ley o reformar las disposiciones legales existentes sobre la materia.

---

9 L. Ruiz García, *El derecho migratorio en México*, Editorial Porrúa / Instituto Internacional del Derecho y del Estado, México, 2005, pág. 89.

La nueva ley, que cambió el nombre de "migración" a "población", reflejaba la atención del gobierno hacia problemas demográficos como el aumento de la población, su distribución, la fusión étnica, el mestizaje nacional y la protección de los nacionales en diversas actividades. A partir de entonces, se hablaba de una política demográfica nacional.

Estableció medidas para regular la entrada y salida de extranjeros, así como su residencia en el país. Se creó la Dirección General de Población como nuevo órgano encargado de las funciones relacionadas con la migración. Se instituyeron requisitos y condiciones para la admisión de extranjeros, considerando su nacionalidad, raza, sexo, ocupación, entre otros aspectos.

Por primera vez se estableció la figura del refugio para extranjeros que huían de persecuciones políticas en sus países de origen. También se tomaron medidas preventivas durante la Segunda Guerra Mundial, como la suspensión de garantías individuales y restricciones a la inmigración procedente de países considerados como potenciales peligros para México.

La ley incluyó disposiciones para regular el tránsito de extranjeros por el territorio nacional y estableció sanciones para quienes violaran sus disposiciones. Además, se introdujo la figura de la Cédula de Identidad para identificar a los extranjeros.

En 1945, el presidente Manuel Ávila Camacho presentó una iniciativa de Ley General de Población para ajustar la política migratoria a las realidades del país después de la posguerra. Esta iniciativa buscaba una selección más eficaz de los inmigrantes sin discriminar por motivos raciales y defender los intereses de los connacionales. Aunque esta iniciativa fue aprobada por el Congreso, no fue promulgada y publicada. En su lugar, se establecieron normas provisionales para la internación, inscripción y cambio de calidad migratoria de extranjeros.

LEY GENERAL DE POBLACIÓN DE 1947

Esta reforma respondió a la necesidad de adecuar la legislación a las nuevas realidades demográficas y migratorias, así como a la separación del ámbito turístico de la ley de población.

Se eliminaron disposiciones relacionadas con la protección y conservación de las políticas migratorias, enfocándose en el aumento de la población a través del crecimiento natural. Se facilitó la inmigración colectiva de extranjeros sanos y fácilmente asimilables, con la supervisión de la Secretaría de Gobernación.

Se establecieron dos categorías migratorias principales: "Inmigrante" y "No inmigrante", simplificando el proceso migratorio. Los inmigrantes eran extranjeros que buscaban radicarse en México, mientras que los no inmigrantes incluían a quienes estaban de paso, en tránsito hacia otro país o por razones temporales, como el turismo.

La SEGOB adquirió facultades para autorizar la internación de no inmigrantes y establecer cuotas de internación, así como para regular la situación de los extranjeros en los puertos y fronteras. Se intensificaron los controles migratorios, con requisitos más estrictos para la admisión y permanencia de extranjeros en el país.

Se establecieron sanciones para aquellos que violaran las disposiciones migratorias, incluyendo multas, arrestos y deportaciones. También se introdujeron medidas para prevenir matrimonios simulados con fines migratorios y se endurecieron las penas para quienes reincidieran en violaciones migratorias.

En resumen, la reforma de 1947 a la Ley General de Población redefinió la política migratoria de México, priorizando el aumento de la población a través de la inmigración selectiva y estableciendo mecanismos más rigurosos de control migratorio y sanciones para quienes incumplieran la ley[10].

LEY DE MIGRACIÓN DE 1974

La ley establece una política demográfica y migratoria que busca proteger los intereses nacionales y promover el desarrollo económico y social equitativo. La SEGOB es responsable de organizar y coor-

---

[10] C. Welti Chanes, "El futuro de la ley general de población en México y el embate a los derechos reproductivos", *Hacia una nueva Ley General de Población*, Serie Doctrina Jurídica Núm. 678, Instituto de Investigaciones Jurídicas UNAM, pág. 69.

dinar los servicios migratorios, velando por los derechos humanos y la integridad familiar. Se regulan las condiciones de entrada y salida del país, así como las distintas categorías migratorias, como no inmigrantes e inmigrantes, con requisitos específicos para cada una. Se imponen sanciones a quienes violen las disposiciones migratorias, como multas, arrestos y penas de prisión, tanto para extranjeros como para mexicanos que contravengan la ley. Además, se establecen medidas para evitar la introducción ilegal de extranjeros al país y se sanciona a empresas de transporte que los traigan sin la documentación adecuada.

Contempla la protección de los derechos humanos de los migrantes, garantizando su atención en caso de desastres o emergencias médicas, independientemente de su situación migratoria.

LEGISLACIÓN ACTUAL (2024)

Constitución Política de los Estados Unidos Mexicanos

El primer artículo de la Constitución Política de los Estados Unidos Mexicanos establece de manera amplia que todas las personas tienen derecho a disfrutar de los derechos reconocidos por el Estado Mexicano en la Constitución Política y en los tratados internacionales firmados por el país. En consecuencia, la población migrante, sin importar su estatus legal en el país, tiene derecho a todos los mismos derechos que el resto de las personas, y, por lo tanto, estos derechos deben ser respetados. El respeto total de los derechos humanos de la población migrante es uno de los principios fundamentales en los que se basa la Ley de Migración, promulgada el 25 de mayo de 2011.

Asimismo, a lo largo del capitulado se le ven reconocidas los siguientes derechos:

- Derecho a la no esclavitud
- Derecho a la igualdad
- Derecho a la libertad de tránsito
- Derecho a la unidad familiar
- Derecho al trabajo
- Derecho a ser escuchado en un juicio

- Derecho a la no discriminación
- Derecho a la información
- Derecho a la no deportación
- Derecho al refugio
- Derecho a la libertad de expresión
- Derecho a la salud
- Derecho a la educación
- Derecho a la vivienda
- Libertad de asociación

Sin embargo, estos derechos se ven regulados por el Articulo 11 de la Constitución Política de los Estados Unidos Mexicanos (*Tmx 256779*), el cual establece: *"Toda persona tiene derecho para entrar en la República, salir de ella, viajar por su territorio y mudar de residencia, sin necesidad de carta de seguridad, pasaporte, salvoconducto u otros requisitos semejantes. El ejercicio de este derecho estará subordinado a las facultades de la autoridad judicial, en los casos de responsabilidad criminal o civil, y a las de la autoridad administrativa, por lo que toca a las limitaciones que impongan las leyes sobre emigración, inmigración y salubridad general de la República, o sobre extranjeros perniciosos residentes en el país. Toda persona tiene derecho a buscar y recibir asilo. El reconocimiento de la condición de refugiado y el otorgamiento de asilo político, se realizarán de conformidad con los tratados internacionales. La ley regulará sus procedencias y excepciones".*

Esto quiere decir que, si bien se reconoce esta libertad de movilidad, esta puede estar sujeta a restricciones establecidas por las leyes relacionadas con la migración y salud pública, así como respecto a extranjeros considerados perniciosos para el país. Estas limitaciones deben estar fundamentadas en la autoridad judicial o administrativa, según el tipo de responsabilidad que se esté considerando (criminal, civil o administrativa).

Ley General de Población

La Ley General de Población es un marco legal que tiene como objetivo regular y garantizar el orden demográfico en un país. Esta ley busca establecer políticas y procedimientos para el control, seguimiento y promoción de la población, así como proteger los derechos reproductivos de los individuos.

Esta ley es fundamental para abordar cuestiones demográficas y garantizar los derechos de la población en México.

Ley de Migración

Esta ley fue publicada el 25 de mayo de 2011 en el Diario Oficial de la Federación. Está dirigida a regular el ingreso y la salida de personas extranjeras y mexicanas, así como el tránsito y la estancia de personas extranjeras en el territorio de los Estados Unidos Mexicanos.

Dicha ley consta de 162 artículos, con 8 títulos en donde a lo largo del articulado se busca regular la entrada, salida y estancia de extranjeros en territorio mexicano, así como los derechos y obligaciones de los migrantes, refugiados y solicitantes de asilo en el país.

Asimismo, se establece los diferentes tipos de visas y permisos que pueden ser otorgados a los extranjeros que desean ingresar o permanecer en México, así como los requisitos y procedimientos para obtenerlos, así como se les reconocen y garantizan una serie de derechos, incluyendo el acceso a la justicia, a la educación, a la salud y al trabajo, así como la protección contra la discriminación y la trata de personas.

Igualmente, y es de suma importancia, hacer mención que este ordenamiento jurídico establece un marco legal para la protección de los refugiados y solicitantes de asilo en México, definiendo los criterios para la concesión de la condición de refugiado y los derechos y obligaciones de quienes la obtienen.

Finalmente, aborda los temas correspondientes a la cooperación internacional y delimita a las autoridades competentes para aplicar esta ley.

Reglamento de la Ley de Migración

En este reglamento, el cual consta de 249 artículos y 9 títulos se contemplan y detallan las disposiciones establecidas en la Ley de Migración, proporcionando un marco normativo completo para regular la migración y proteger los derechos de los migrantes en el país.

Se detallan los procedimientos y requisitos específicos para la obtención de visas, permisos de residencia y otros documentos migratorios necesarios para ingresar y permanecer en territorio mexicano. Establece la creación y mantenimiento de un registro nacional de extranjeros, que contiene información relevante sobre su estatus migratorio y otros datos importantes para su identificación y seguimiento.

Uno de los puntos medulares de este reglamento es que en él se establecen las sanciones y medidas administrativas que pueden ser impuestas a los extranjeros que violen las disposiciones de la ley migratoria o del reglamento, así como los procedimientos para su imposición y apelación, siempre resguardando y velando por la protección de los derechos humanos reconocidos en la Constitución Política de los Estados Unidos Mexicanos.

Lineamientos generales para la expedición de visas que emiten las secretarías de Gobernación y de Relaciones Exteriores

Tienen como objetivo principal establecer los criterios y procedimientos para la expedición de visas a extranjeros que desean ingresar a territorio mexicano. Uno de sus objetivos es regular la entrada de extranjeros: Los lineamientos buscan regular y controlar de manera ordenada la entrada de extranjeros a México, garantizando la seguridad y el orden migratorio en el país.

Promover el turismo y la inversión, proteger la seguridad nacional, fomentar la cooperación internacional, garantizar el respeto a los derechos humanos y optimizar los recursos: Los lineamientos tienen como objetivo optimizar los recursos y procesos administrativos relacionados con la expedición de visas, asegurando una gestión eficiente y transparente.

Lineamientos para trámites y procedimientos migratorios

Son emitidos por el Instituto Nacional de Migración (INM) y establecen las directrices para los procesos relacionados con la entrada, permanencia y salida de personas extranjeras en el territorio mexicano.

A continuación, se enlistan sus principales objetivos:

- Tipos de visas y permisos: Los lineamientos detallan los diferentes tipos de visas y permisos migratorios que pueden ser otorgados a los extranjeros, como visas de visitante, visas de trabajo, visas de estudiante, permisos de residencia temporal, entre otros.
- Requisitos de documentación: Especifican los documentos necesarios que los solicitantes deben presentar para tramitar una visa o permiso migratorio, incluyendo pasaportes válidos, formularios de solicitud debidamente llenados, fotografías, comprobantes de solvencia económica, entre otros.
- Procedimientos de solicitud: Describen los pasos que deben seguir los solicitantes para presentar su solicitud de visa o permiso migratorio, incluyendo los lugares y formas de presentación, así como los plazos de respuesta establecidos por la autoridad migratoria.
- Criterios de evaluación: Establecen los criterios que serán considerados por el INM al evaluar las solicitudes de visa o permiso migratorio, como el propósito de la estancia, la solvencia económica, los vínculos familiares, entre otros.
- Procedimientos de renovación y extensión: Detallan los procedimientos que deben seguirse para renovar o extender una visa o permiso migratorio, incluyendo los plazos de solicitud y los requisitos adicionales que pueden ser solicitados por la autoridad migratoria.
- Procedimientos de cancelación y revocación: Especifican las circunstancias bajo las cuales una visa o permiso migratorio puede ser cancelado o revocado por el INM, así como los derechos y procedimientos de defensa del solicitante en caso de una decisión desfavorable.
- Procedimientos de apelación y recurso: Establecen los mecanismos de apelación y recurso que pueden utilizar los solicitantes en caso de que su solicitud de visa o permiso migratorio sea

rechazada o cancelada, garantizando el derecho a una revisión imparcial de la decisión migratoria.

- Protección de derechos humanos: Garantizan el respeto a los derechos humanos de los extranjeros en todas las etapas del proceso migratorio, asegurando el acceso a la justicia, la protección contra la discriminación y el acceso a servicios básicos de salud y educación.

MARCO JURÍDICO ADMINISTRATIVO

De manera enunciativa, mas no limitativa, se enlistan las siguientes disposiciones jurídicas que regulan la materia migratoria en México:

Constitución Política de los Estados Unidos Mexicanos

Tratados Internacionales

Convención sobre Asilo.

Convención sobre Condiciones de los Extranjeros.

Convención sobre Asilo Político.

Convención sobre el Estatuto de los Refugiados.

Convención sobre Asilo Territorial.

Convención sobre el Estatuto de los Apátridas.

Convención sobre Asilo Diplomático.

Convención de Viena sobre Relaciones Diplomáticas.

Convención de Viena sobre Relaciones Consulares.

Convención Americana sobre Derechos Humanos "Pacto de San José de Costa Rica".

Convención Internacional sobre la Protección de los Derechos de todos los Trabajadores Migratorios y de sus Familiares.

Protocolo sobre el Estatuto de los Refugiados.

Constitución de la Organización Internacional para las Migraciones.

Protocolo Contra el Tráfico Ilícito de Migrantes por Tierra, Mar y Aire, que Complementa la Convención de las Naciones Unidas Contra la Delincuencia Organizada Transnacional.

Protocolo para Prevenir, Reprimir y Sancionar la Trata de Personas, Especialmente Mujeres y Niños, que complementa la Convención de las Naciones Unidas contra la Delincuencia Organizada Transnacional.

Convención de las Naciones Unidas contra la Delincuencia Organizada Transnacional.

Leyes

Ley de Migración

Ley General de Población.

Ley de Nacionalidad.

Ley de Seguridad Nacional.

Ley Federal de Procedimiento Administrativo.

Ley Federal de Procedimiento Contencioso Administrativo.

Ley de Amparo

Ley Federal del Trabajo.

Ley de Extradición Internacional.

Ley Federal de Derechos.

Ley sobre la Celebración de Tratados.

Ley de la Comisión Nacional de los Derechos Humanos.

Ley de Amnistía.

Ley Federal para Prevenir y Eliminar la Discriminación.

Ley General de Turismo.

Ley sobre Refugiados, Protección Complementaria y Asilo Político.

Ley General para Prevenir, Sancionar y Erradicar los Delitos en Materia de Trata de Personas y para la Protección y Asistencia a las Víctimas de estos Delitos.

Ley General de los Derechos de Niñas, Niños y Adolescentes.

Ley General de Transparencia y Acceso a la Información Pública.

Ley Federal de Transparencia y Acceso a la Información Pública.

Ley General de Responsabilidades Administrativas.

Ley Federal de Responsabilidades de los Servidores Públicos.

Ley General de Protección de Datos Personales en Posesión de Sujetos Obligados.

Ley General de Archivos.

Ley de la Guardia Nacional.

Códigos

Código Civil Federal.

Código Federal de Procedimientos Civiles.

Código Penal Federal.

Código Nacional de Procedimientos Penales.

Código Fiscal de la Federación.

Reglamentos

Reglamento de la Ley de Migración.

Reglamento de la Ley General de Población.

Reglamento de la Ley de Nacionalidad.

Reglamento de la Ley sobre Refugiados y Protección Complementaria.

Reglamento de la Ley Federal de Transparencia y Acceso a la Información Pública Gubernamental.

Reglamento de Pasaportes y del Documento de Identidad y Viaje.

Reglamento de la Ley General para la Inclusión de las Personas con Discapacidad.

Reglamento de la Ley General para Prevenir, Sancionar y Erradicar los Delitos en Materia de Trata de Personas y para la Protección y Asistencia a las Víctimas de estos Delitos.

Reglamento de la Ley Federal de Archivos.

Reglamento de la Ley General de Víctimas.

Reglamento de la Ley de la Guardia Nacional.

Reglamento Interior de la Secretaría de Gobernación.

Acuerdos

Acuerdo por el que se crea con carácter permanente una Comisión Intersecretarial para estudiar las necesidades de los refugiados extranjeros en el Territorio Nacional, que se denominará Comisión Mexicana de Ayuda a Refugiados.

Acuerdo por el que se crea el Comité Interno de Capacitación y Evaluación del Instituto Nacional de Migración.

Acuerdo por el que se crea el Comité Interno de Calidad e Innovación del Instituto Nacional de Migración.

Acuerdo por el que se crea con carácter permanente la Comisión de Política Gubernamental en materia de Derechos Humanos.

Acuerdo por el que se reconoce al Instituto Nacional de Migración como Instancia de Seguridad Nacional.

Acuerdo por el que se crea el Centro de Evaluación y Control de Confianza del Instituto Nacional de Migración.

Acuerdo por el que se delegan facultades en favor de diversos servidores públicos del Instituto Nacional de Migración para ejercer las atribuciones en materia de refugiados y protección complementaria previstas en la Ley sobre Refugiados y Protección Complementaria.

Acuerdo por el que se define la estructura, organización y funcionamiento del Consejo Ciudadano del Instituto Nacional de Migración.

Acuerdo por el que se crea el Consejo Consultivo de Política Migratoria de la Secretaría de Gobernación.

Acuerdo por el que se emiten los Lineamientos generales para la transmisión de listas electrónicas de pasajeros, tripulantes y medios de transporte al Instituto Nacional de Migración.

Acuerdo por el que se emiten las Normas para el funcionamiento de las Estaciones Migratorias y Estancias Provisionales del Instituto Nacional de Migración.

Acuerdo por el que se delegan atribuciones para autorizar trámites migratorios y ejercer diversas atribuciones previstas en la Ley de Migración y su Reglamento a los servidores públicos adscritos a las delegaciones federales del Instituto Nacional de Migración.

Acuerdo por el que se emiten los Lineamentos en materia de Protección a Migrantes del Instituto Nacional de Migración.

Acuerdo por el que se determina la sede y circunscripción de las Delegaciones y Subdelegaciones Federales, Delegaciones y Subdelegaciones Locales del Instituto Nacional de Migración.

Circulares

Circular por la que se instruye el procedimiento que deberá seguir el Instituto Nacional de Migración en la detención, identificación y atención de personas extranjeras víctimas del delito.

Circular referente a los documentos migratorios y los formatos de solicitud de trámite y estadísticos del Instituto Nacional de Migración.

Circular por la que se reforma la diversa Circular referente a los documentos migratorios y los formatos de solicitud de trámite y estadísticos del Instituto Nacional de Migración.

Lineamientos

Lineamientos para trámites y procedimientos migratorios.

Lineamientos para la expedición de visas no ordinarias.

Lineamientos generales para la expedición de visas que emiten las secretarías de Gobernación y de Relaciones Exteriores.

Lineamientos de Operación del Comité de Información del Instituto Nacional de Migración.

Lineamientos para el diseño, elaboración, distribución, asignación, reposición, destrucción, registro, control, guarda y uso de sellos migratorio de control fronterizo de los Estados Unidos Mexicanos por puertos aéreos, marítimos y terrestres.

Otras Disposiciones

Aviso por el que se da a conocer a las empresas de servicios de transporte aéreo internacional regular y no regular de pasajeros, el mecanismo electrónico y de coordinación necesario para la recepción y procesamiento de la información relativa a los pasajeros, tripulación y medios de transporte que entren o salgan del país, conforme al artículo 46 de la Ley de Migración.

Protocolo de actuación para asegurar el respeto a los principios y la protección de los derechos de niñas, niños y adolescentes en procedimientos administrativos migratorios.

Condición jurídica de los extranjeros en México

DIEGO ENRIQUE SALGADO MORENO

CONSIDERACIONES

A fin de revisar la condición jurídica de los extranjeros en nuestro país, y poder así abordar a detalle los derechos y obligaciones de los mismos, primeramente, es necesario tener en claro quiénes son considerados extranjeros conforme a nuestra legislación.

Siendo así, de acuerdo con el artículo 33 de la Constitución Política de los Estados Unidos Mexicanos (*Tmx 256779*), *"Son personas extranjeras las que no posean las calidades determinadas en el artículo 30 constitucional y gozarán de los derechos humanos y garantías que reconoce esta Constitución"*.

En este sentido, a grandes rasgos, podemos decir que un extranjero es aquella persona que no posee la nacionalidad mexicana, lo cual resulta una obviedad y no termina de aclarar el concepto. Dado que el citado artículo 33 de la CPEUM nos remite a su vez a otro artículo de nuestra Carta Magna, para entender por exclusión que serán considerados extranjeros todas aquellas personas que no cuenten con las calidades citadas en el artículo 30 de dicho ordenamiento (*Tmx 256779*), el cual a la letra establece: *"La nacionalidad mexicana se adquiere por nacimiento o por naturalización"*.

Son mexicanos por nacimiento:

I. Los que nazcan en territorio de la República, sea cual fuere la nacionalidad de sus padres.

II. Los que nazcan en el extranjero, hijos de padres mexicanos, de madre mexicana o de padre mexicano;

III. Los que nazcan en el extranjero, hijos de padres mexicanos por naturalización, de padre mexicano por naturalización, o de madre mexicana por naturalización, y;

IV. Los que nazcan a bordo de embarcaciones o aeronaves mexicanas, sean de guerra o mercantes.

Son mexicanos por naturalización:

I. Los extranjeros que obtengan de la Secretaría de Relaciones carta de naturalización.

II. La mujer o el varón extranjeros que contraigan matrimonio con varón o con mujer mexicanos, que tengan o establezcan su domicilio dentro del territorio nacional y cumplan con los demás requisitos que al efecto señale la ley.

Ahora bien, una vez teniendo en claro el marco normativo que regula quienes son considerados mexicanos y, a contrario sensu, quienes son extranjeros en nuestro país, a forma de contexto podemos decir que la condición jurídica de los extranjeros es el conjunto de derechos y obligaciones, así como las restricciones y prohibiciones de las personas que carecen de la nacionalidad mexicana.

DERECHOS DE LOS EXTRANJEROS EN MÉXICO

Existen múltiples y muy variadas razones por las que las personas, sean nacionales o extranjeras, deben conocer sus derechos y mantenerse actualizados sobre los mismos. Dentro de los motivos principales se encuentran el que puedan ejercerlos y hacerlos valer frente al Estado.

Respecto al régimen jurídico de los extranjeros en México, ha habido diversos cambios o reformas en la legislación en materia de derechos humanos, como lo fue la reforma constitucional de 2011 que buscó principalmente el fortalecimiento del sistema de reconocimiento y protección de los derechos humanos en México, así como la publicación de la Ley de Migración en 2011, cuyo principio rector es el respeto irrestricto de los derechos humanos de la población migrante.

Siendo así, por derechos humanos podríamos entender "*El conjunto de facultades, prerrogativas, libertades y pretensiones de carácter civil, político, económico, social y cultural, incluidos los recursos y mecanismos de garantía de todas ellas, que se reconocen al ser humano, considerado individual y colectivamente"*[11].

Esta universalidad en la definición es una de las características principales de los derechos fundamentales, pues no importa la nacionalidad, raza, sexo, color, religión, idioma, orientación sexual, discapacidad, o cualquier otro tipo de distingo.

En este sentido, el artículo 1o. de la CPEUM (*Tmx 256779*) en su primer párrafo señala: *"En los Estados Unidos Mexicanos todas las personas gozarán de los derechos humanos reconocidos en esta Constitución y en los tratados internacionales de los que el Estado Mexicano sea parte, así como de las garantías para su protección, cuyo ejercicio no podrá restringirse ni suspenderse, salvo en los casos y bajo las condiciones que esta Constitución establece".*

De igual manera, el mismo artículo 1o. de la CPEUM (*Tmx 256779*) en su último párrafo establece la prohibición a toda discriminación de la siguiente manera: "*Queda prohibida toda discriminación motivada por origen étnico o nacional, el género, la edad, las discapacidades, la condición social, las condiciones de salud, la religión, las opiniones, las preferencias sexuales, el estado civil o cualquier otra que atente contra la dignidad humana y tenga por objeto anular o menoscabar los derechos y libertades de las personas*".

Por su parte, la propia Ley de Migración (*Tmx 258221*) protege los derechos humanos y establece en su artículo 1° que "*Las disposiciones de esta Ley son de orden público y de observancia general en toda la República y tienen por objeto regular lo relativo al ingreso y salida de mexicanos y extranjeros al territorio de los Estados Unidos Mexicanos y el tránsito y la estancia de los extranjeros en el mismo, en un marco de respeto, protección y salvaguarda de los derechos humanos, de contribución al desarrollo nacional, así como de preservación de la soberanía y de la seguridad nacionales*".

A su vez, el artículo 6° de la LM (*Tmx 258221*) complementa la protección a los derechos fundamentales señalando como una obligación del Estado mexicano el de garantizar "*... a toda persona extranjera el ejercicio de los derechos y libertades reconocidos en la Constitución, en los tratados y convenios internacionales de los cuales sea parte el Estado*

---

11 Varios, *Diccionario de derecho jurídico mexicano*, Tomo III, México, UNAM, 2005, pág. 1268.

mexicano y en las disposiciones jurídicas aplicables, con independencia de su situación migratoria".

DERECHOS DE LOS EXTRANJEROS RECONOCIDOS EN LA LEY DE MIGRACIÓN

Entre los derechos reconocidos de manera expresa en la Ley de Migración encontramos los siguientes:

- Derecho de libre tránsito. Con las limitaciones establecidas en la Constitución, los tratados y convenios internacionales, la Ley de Migración y demás disposiciones jurídicas aplicables (Artículo 7 de la Ley de Migración).
- Derecho a la educación pública y privada. Con independencia de su situación migratoria (Artículo 8 de la Ley de Migración).
- Derecho a la atención médica. Con independencia de su situación migratoria (Artículo 8 de la Ley de Migración).
- Registro civil. En lo concerniente a la autorización de los actos del estado civil, la expedición de las actas relativas a nacimiento, reconocimiento de hijos, matrimonio, divorcio y muerte. Con independencia de su situación migratoria (Artículo 9 de la Ley de Migración).
- Derecho de preservación de la unidad familiar, cuando los migrantes cuenten con una situación migratoria regular o pretendan regularizar su situación migratoria (Artículo 10 de la Ley de Migración).
- Derecho a la procuración e impartición de justicia, respetando el debido proceso. Con independencia de su situación migratoria (Artículo 11 de la Ley de Migración).
- Derecho al reconocimiento de la personalidad jurídica. Con independencia de su situación migratoria (Artículo 12 de la Ley de Migración).
- Derecho a la información respecto a sus derechos y obligaciones, los requisitos para su admisión, permanencia y salida, así como la información referente a la condición de refugiado, del otorgamiento de protección complementaria o de la con-

cesión de asilo político y la determinación de apátrida. (Artículo 13 de la Ley de Migración).

- Derecho a un traductor o intérprete. Con independencia de su situación migratoria (Artículo 14 de la Ley de Migración).

Siendo así, como una primera conclusión tenemos que los derechos de los extranjeros en México están reconocidos y protegidos por nuestra Constitución, así como por convenciones de derecho internacional público y privado, así como reglamentación en legislación secundaria como lo es la Ley de Migración y su Reglamento.

RESTRICCIONES A LOS EXTRANJEROS EN MÉXICO

Hemos sido testigos de una importante evolución de los derechos humanos en nuestra legislación, a modo de ejemplo, es importante recordar que fue hasta después de la reforma constitucional de 2011, en la que se modificaron 11 artículos constitucionales (1, 3, 11, 15, 18, 29, 33, 89, 97, 102 y 105), que se reconoció el derecho de audiencia para los extranjeros en caso de expulsión del territorio nacional por parte del Ejecutivo de la Unión.

En este sentido el objetivo de esta trascendente reforma fue el de respetar, proteger y garantizar los derechos humanos de todas las personas en México, sean o no mexicanos.

Por tanto, podemos decir que las limitaciones o restricciones impuestas a los extranjeros que existen actualmente versan en función de su carácter de ciudadano, no como persona y lo que buscan es limitar ciertas actividades de los mismos en México.

Restricción a la Libertad de Tránsito

El artículo 11° constitucional (*Tmx 256779*) consagra la libertad de tránsito y dispone que "*Toda persona tiene derecho para entrar en la República, salir de ella, viajar por su territorio y mudar de residencia, sin necesidad de carta de seguridad, pasaporte, salvoconducto u otros requisitos semejantes. El ejercicio de este derecho estará subordinado a las facultades de la autoridad judicial, en los casos de responsabilidad criminal o civil, y a las de la autoridad administrativa, por lo que toca a las limitaciones que impongan las leyes sobre emigración, inmigración y salubridad general de la República, o sobre extranjeros perniciosos residentes en el país".*

En este sentido, la libertad de tránsito queda delimitada en el artículo 35 de la Ley de Migración donde establece que los mexicanos y extranjeros deben cumplir con los requisitos exigidos por la Ley, su Reglamento y demás disposiciones jurídicas aplicables. Para ejercer el derecho a la libre circulación no es necesario tener o aportar motivos o razones específicas, basta con la voluntad de los nacionales o extranjeros de trasladarse o quedarse en un determinado lugar, incluyendo la libertad de entrar o salir del país.

Asimismo, el artículo 37 de la Ley de Migración (*Tmx 258221*) establece ciertas limitaciones y a la letra menciona que:

Para internarse al país, los extranjeros deberán:

I. Presentar en el filtro de revisión migratoria ante el Instituto, los documentos siguientes:
   a. Pasaporte o documento de identidad y viaje que sea válido de conformidad con el derecho internacional vigente, y
   b. Cuando así se requiera, visa válidamente expedida y en vigor, en términos del artículo 40 de esta Ley; o
   c. Tarjeta de residencia o autorización en la condición de estancia de visitante regional, visitante trabajador fronterizo o visitante por razones humanitarias.

II. Proporcionar la información y los datos personales que las autoridades competentes soliciten en el ámbito de sus atribuciones.

III. No necesitan visa los extranjeros que se ubiquen en alguno de los siguientes supuestos:
   a. Nacionales de países con los que se haya suscrito un acuerdo de supresión de visas o que no se requiera de visado en virtud de una decisión unilateral asumida por el Estado mexicano;
   b. Solicitantes de la condición de estancia de visitante regional y visitante trabajador fronterizo;
   c. Titulares de un permiso de salida y regreso;

d. Titulares de una condición de estancia autorizada, en los casos que previamente determine la Secretaría;

e. Solicitantes de la condición de refugiado, de protección complementaria y de la determinación de apátrida, o por razones humanitarias o causas de fuerza mayor, y

f. Miembros de la tripulación de embarcaciones o aeronaves comerciales conforme a los compromisos internacionales asumidos por México".

Por otra parte, en el artículo 38 de la Ley de Migración (*Tmx 258221*) encontramos que por causas de interés público se podrá suspender o prohibir la admisión de extranjeros mediante la expedición de disposiciones administrativas de carácter general publicadas en el Diario Oficial de la Federación.

Por último, el artículo 48 de la Ley de Migración (*Tmx 258221*) establece las causas de excepción para salir libremente de territorio nacional, sin distinción entre mexicanos y extranjeros, mencionando las siguientes:

I. Se le haya dictado por autoridad judicial, providencia precautoria o medida cautelar, siempre que tenga por objeto restringir la libertad de tránsito de la persona;

II. Que se encuentre bajo libertad caucional por vinculación a proceso;

III. Que goce de libertad preparatoria o condicional, salvo con permiso de la autoridad competente;

IV. Por razones de seguridad nacional, de conformidad con las disposiciones jurídicas aplicables;

V. Tratándose de niñas, niños y adolescentes sujetos a un procedimiento de restitución internacional, de conformidad con lo establecido en los tratados y convenios internacionales de los cuales sea parte el Estado mexicano, y

VI. Las personas que, en su carácter de deudoras alimentarias, dejen de cumplir con las obligaciones que impone la legislación civil en materia de alimentos por un período mayor de sesenta días, previa solicitud de la autoridad judicial competente, sin perjuicio de las excepciones previstas por la legislación civil aplicable, así como de aquellas conductas consi-

> deradas como delitos por las leyes penales correspondientes. Para efectos de esta fracción y tratándose de extranjeros, el Instituto definirá su situación migratoria y resolverá con base en lo que se establezca en otros ordenamientos y en el reglamento de esta Ley.

Restricción al Derecho de Petición

El artículo 8° constitucional (*Tmx 256779*) dispone: "*Los funcionarios y empleados públicos respetarán el ejercicio del derecho de petición, siempre que ésta se formule por escrito, de manera pacífica y respetuosa; pero en materia política sólo podrán hacer uso de ese derecho los ciudadanos de la República...*".

A su vez el artículo 35 constitucional (*Tmx 256779*) en su fracción V establece que son derechos de la ciudadanía *"Ejercer en toda clase de negocios el derecho de petición"*.

No hay mucho que ahondar en esta restricción pues resulta auto explicativa, sin embargo, podemos observar que ambos artículos limitan el derecho de petición, permitiendo su uso exclusivo a los ciudadanos de la República.

Restricción al Derecho de Asociación

Solamente los ciudadanos de la República tienen el derecho de asociarse para tomar parte de los asuntos políticos del país[12], dejando excluidos a los extranjeros de este derecho fundamental, lo anterior también en concordancia con la prohibición expresa del artículo 33 constitucional (*Tmx 256779*) párrafo tercero donde se dispone que "*Los extranjeros no podrán de ninguna manera inmiscuirse en los asuntos políticos del país*"

Esta limitante no es única o exclusiva de nuestro país, prácticamente en cualquier país del mundo los extranjeros no pueden inmiscuirse en asuntos políticos, siendo la razón principal de dicha restricción la soberanía nacional.

---

12 Artículo 9° de la Constitución Política de los Estados Unidos Mexicanos (*Tmx 256779*).

Restricción al Derecho Real de Propiedad

Esta limitante es conocida como Cláusula Calvo, nombrada así por el diplomático y jurista argentino Carlos Calvo. Dicha cláusula tiene como objetivo limitar la intervención de gobiernos extranjeros en asuntos jurídicos que involucren a sus ciudadanos en el territorio de otro Estado así como promover la soberanía nacional e igualdad jurídica entre nacionales y extranjeros.

El artículo 27 (*Tmx 256779*) en su fracción I establece que "*Sólo los mexicanos por nacimiento o por naturalización y las sociedades mexicanas tienen derecho para adquirir el dominio de las tierras, aguas y sus accesiones o para obtener concesiones de explotación de minas o aguas. El Estado podrá conceder el mismo derecho a los extranjeros, siempre que convengan ante la Secretaría de Relaciones en considerarse como nacionales respecto de dichos bienes y en no invocar por lo mismo la protección de sus gobiernos por lo que se refiere a aquéllos; bajo la pena, en caso de faltar al convenio, de perder en beneficio de la Nación, los bienes que hubieren adquirido en virtud del mismo. En una faja de cien kilómetros a lo largo de las fronteras y de cincuenta en las playas, por ningún motivo podrán los extranjeros adquirir el dominio directo sobre tierras y aguas*".

Esta restricción resulta de las más interesantes y estudiadas, pues un gran número de extranjeros se relocalizan en México con fines tales como invertir en propiedades a lo largo de los litorales del país, ya sea como mera inversión o bien para tener un inmueble de carácter vacacional o incluso para vivir su retiro en dichas zonas.

Siendo así existen mecanismos como la constitución de un fideicomiso inmobiliario que permite a los extranjeros poseer indirectamente propiedades inmobiliarias en la zona restringida de México. Bajo esta figura, un banco mexicano actúa como fiduciario manteniendo el título de propiedad en nombre del beneficiario extranjero (fideicomisario). El banco tiene la titularidad legal de la propiedad, pero el fideicomisario tiene todos los derechos de uso, disfrute, e incluso la posibilidad de vender o alquilar la propiedad

Restricción a los Derechos Políticos

El artículo 32 constitucional (*Tmx 256779*), dispone que: "*El ejercicio de los cargos y funciones para los cuales, por disposición de la presente*

Constitución, se requiera ser mexicano por nacimiento, se reserva a quienes tengan esa calidad y no adquieran otra nacionalidad. Esta reserva también será aplicable a los casos que así lo señalen otras leyes del Congreso de la Unión".

El artículo 33 constitucional (*Tmx 256779*) por su parte establece: "*Los extranjeros no podrán de ninguna manera inmiscuirse en los asuntos políticos del país".*

Como ya lo señalábamos anteriormente, solo los ciudadanos mexicanos tienen derecho a intervenir en la vida política del país estando prohibida esta actividad para los extranjeros.

Restricción a los Derechos Laborales

El artículo 32 constitucional (*Tmx 256779*), establece la prohibición de los extranjeros a servir en el Ejército, fuerzas de policía o seguridad pública, así como pertenecer al activo del Ejército en tiempo de paz y al de la Armada o al de la Fuerza Aérea en todo momento así como desempeñar cualquier cargo o comisión en ellos

El mismo artículo citado, exige ser mexicano por nacimiento para desempeñarse como capitanes, pilotos, patrones, maquinistas, mecánicos y, de una manera general, para todo el personal que tripule cualquier embarcación o aeronave que se ampare con la bandera o insignia mercante mexicana. De igual forma aplica para capitán de puerto y todos los servicios de practicaje y comandante de aeródromo.

El último párrafo establece que: Los mexicanos serán preferidos a los extranjeros en igualdad de circunstancias, para toda clase de concesiones y para todos los empleos, cargos o comisiones de gobierno en que no sea indispensable la calidad de ciudadano.

Las restricciones jurídicas a los extranjeros, en México, se encuentran dispersas por todo el sistema jurídico mexicano. Al tratarse de una cuestión que incumbe a toda la sociedad civil mexicana, solamente el Congreso de la Unión, parte del Supremo Poder de la Federación, puede legislar en esta materia

OBLIGACIONES DE LOS EXTRANJEROS EN MÉXICO

En términos generales el artículo 16 de la Ley de Migración (*Tmx 256779*) establece que los migrantes deben cumplir con las siguientes obligaciones:

I. Cuando se trate de extranjeros con, situación migratoria regular, resguardar y custodiar la documentación que acredite su identidad y su situación.

II. Mostrar la documentación que acredite su identidad o su situación migratoria regular, cuando les sea requerida por las autoridades migratorias;

III. Proporcionar la información y datos personales que les sean solicitados por las autoridades competentes, en el ámbito de sus atribuciones, lo anterior sin perjuicio de lo previsto en la Ley Federal de Transparencia y Acceso a la Información Pública Gubernamental y demás disposiciones aplicables en la materia, y

IV. Las demás obligaciones establecidas en la Constitución, en la presente Ley, su Reglamento y demás disposiciones aplicables.

Por otra parte, de conformidad con el artículo 63 de la Ley de Migración y con el artículo 167 del Reglamento de la Ley de Migración, los extranjeros que han adquirido la condición de estancia de residente temporal o residente permanente, tienen la obligación de comunicar al Instituto Nacional de Migración (INM) cualquier cambio de estado civil, de nacionalidad por una diversa a la cual ingresó, domicilio o lugar de trabajo dentro de los noventa días posteriores a que ocurra dicho cambio.

En caso de incumplimiento de lo anterior, se impondrá multa de veinte hasta cien días fijado con la unidad de medida y actualización UMA conforme al artículo 158 de la Ley de Migración

Vale la pena señalar que si bien, la notificación de cambio de nombre no está contemplada en el artículo 167 del Reglamento de la Ley de Migración junto con el resto de notificaciones que deben cumplirse, sí existe un proceso o trámite para realizar el mismo ante el INM

Resultan particularmente importantes estas obligaciones que se imponen a los extranjeros, sean residentes temporales o permanentes, para notificar al INM sobre dichos cambios, pues usualmente los extranjeros desconocen dicha obligación, lo cual les conlleva a incumplir dicho precepto normativo, haciéndose acreedores a sanciones y a tener algunas consecuencias en la práctica que habrían podido evitarse de manera muy sencilla.

Cumplimiento migratorio de las empresas

SERGIO ANTONIO FLORES LEÓN

La migración es un fenómeno complejo que afecta a diversos ámbitos de nuestra sociedad, entre ellos el empresarial. Las empresas que operan en México deben cumplir con una serie de normas y regulaciones en materia migratoria, tanto para sus trabajadores nacionales como extranjeros, con el fin de evitar sanciones, riesgos y conflictos. El cumplimiento migratorio es parte esencial para el inicio y el desarrollo de las operaciones de las empresas en México, ya que les permite contar con el capital humano especializado adecuado, aprovechar las oportunidades de negocio que ofrece la movilidad internacional y contribuir al desarrollo social, económico y cultural del país.

El cumplimiento o compliance migratorio no solo implica responsabilidades, sino también beneficios para las empresas, tales como: facilitar la atracción y retención del talento global, fortalecer la reputación e imagen corporativa, generar confianza y seguridad entre los clientes y proveedores, prevenir multas y sanciones administrativas o penales, y fomentar una cultura de legalidad y ética empresarial.

El marco legal que regula la migración en México está compuesto principalmente por la Ley de Migración y su Reglamento, así como por diversos tratados y convenios internacionales suscritos por México, entre otros. La Ley de Migración establece los principios, derechos y obligaciones de los migrantes, así como las competencias y funciones de las autoridades migratorias. El Reglamento de la Ley de Migración detalla los procedimientos, requisitos y condiciones para el ingreso, estancia, salida y retorno de los extranjeros en México. Entre las obligaciones que tienen las empresas en materia migratoria se encuentran: solicitar la autorización previa del Instituto Nacional de Migración (INM) para contratar a trabajadores extranjeros; verificar que los extranjeros cuenten con la condición de estancia y la actividad autorizada correspondiente; y cumplir con las disposiciones fiscales, laborales y de seguridad social aplicables.

El cumplimiento migratorio no solo implica el acatamiento de la ley, sino también la adopción de buenas prácticas que favorezcan una gestión ética, transparente y responsable de la migración. El compliance migratorio se traduce en contar con políticas, procedimientos y mecanismos internos que aseguren el cumplimiento normativo, así como con una cultura organizacional que valore la diversidad, la inclusión y el respeto a los derechos humanos de los migrantes. El compliance migratorio también implica estar al tanto de las tendencias y los cambios que afectan al contexto migratorio, tanto a nivel nacional como internacional, y adaptarse a ellos de manera oportuna y eficaz. Esto es una inversión que genera beneficios para las empresas, tales como: evitar multas, sanciones y daños a la reputación; fortalecer la confianza y la credibilidad ante las autoridades, los clientes, los proveedores y la sociedad; mejorar el clima laboral, la productividad y el desempeño de los trabajadores; ampliar el mercado potencial y las oportunidades de crecimiento, así como contribuir al desarrollo sostenible del país.

En conclusión, el cumplimiento migratorio es un aspecto clave para las empresas que operan en México, ya que les permite adaptarse a las dinámicas del mercado global, cumplir con sus obligaciones legales y sociales, y aprovechar las ventajas competitivas que ofrece la diversidad.

ANTECEDENTES DE LA CONSTANCIA DE INSCRIPCIÓN DE EMPLEADOR

Actualmente, las constancias de empleador se rigen por la Ley de Migración de 2011 y su Reglamento, que establecen los requisitos y procedimientos para obtenerlas.

Para entender un poco mejor como hemos llegado a este punto dentro de la legislación migratoria mexicana, será importante resaltar brevemente la transformación de la los distintos ordenamientos en materia migratoria, como se detalla a continuación:

Creación del INM (1993)

- El Instituto Nacional de Migración (INM) se creó mediante un Decreto de Ley publicado en el Diario Oficial de la Federación (DOF) el 19 de octubre de 1993.
- El INM reemplazó a la Dirección General de Servicios Migratorios y se estableció como un órgano técnico desconcentrado dependiente de la Secretaría de Gobernación (SEGOB).
- Su objetivo era atender asuntos relacionados con la materia migratoria, planificar, ejecutar, controlar, supervisar y evaluar los servicios migratorios prestados por el Gobierno Federal.

Reformas y Adiciones (1996)

- En 1996, se reformaron, adicionaron y derogaron diversas disposiciones de la Ley General de Población (LGP).
- Se estableció la obligación de inscribirse en el Registro Nacional de Extranjeros para inmigrantes y no migrantes dentro de los treinta días siguientes a su internación.
- Se penalizó el tráfico de extranjeros sin documentación adecuada.

Delegación de Facultades (1998)

- En 1998, se delegaron facultades para autorizar trámites migratorios y ejercer atribuciones previstas en la LGP y su Reglamento.
- Se descentralizó la toma de decisiones en las oficinas desconcentradas del INM en diferentes regiones del país.

Ley de Migración (2011)

- El 25 de mayo de 2011, se publicó en el DOF la Ley de Migración.
- Esta ley permitió dotar de certeza jurídica a los migrantes, proteger sus derechos de tránsito por México y prevenir actos de extorsión y violencia.

- El INM se encargó de la ejecución, control y supervisión de los actos migratorios en territorio nacional.

Reglamento (2012)

- El 28 de septiembre de 2012, se aprobó el Reglamento de la Ley de Migración, complementando la implementación de la ley.

CONSTANCIAS DE EMPLEADOR EN LA ACTUALIDAD

Una constancia de empleador es el documento que el Instituto Nacional de Migración (INM) le otorga a las empresas o personas físicas con actividades empresariales, como comprobación de su registro como empleadores ante la autoridad migratoria, con la finalidad de que éstos puedan emitir y solicitar mediante oferta de empleo, la internación de extranjeros a México y el otorgamiento de una visa con permiso de trabajo, brindándoles la posibilidad de laborar legalmente en el país.

Este documento se inició a vislumbrar con la reforma a la Ley General de Población en 1997, que estableció un nuevo sistema de clasificación y regulación de los extranjeros en México, basado en la condición de estancia y no en la calidad migratoria. Desde entonces, las constancias de empleador han sido un requisito indispensable para que las empresas puedan contratar personal extranjero, así como para que los extranjeros puedan obtener una visa de trabajo y regularizar su situación migratoria.

Las constancias de inscripción de empleador son documentos esenciales para las personas físicas y morales que desean contratar a trabajadores extranjeros en México. Estas constancias permiten emitir ofertas de empleo a extranjeros y cumplir con los requisitos legales establecidos por la Ley de Migración y su reglamento.

Entre los requisitos se encuentran: presentar una solicitud electrónica ante el INM, acompañada de la documentación que acredite la legal existencia y normal operación de la empresa o negocio, como el acta constitutiva, el poder notarial del representante legal, la constancia de inscripción en el Registro Federal de Contribuyentes, la última declaración de impuestos, el comprobante de domicilio y la lista de empleados con nombre, puesto y su nacionalidad. El INM tiene un plazo máximo de 20 días hábiles para resolver la solicitud y expedir la constancia, que tendrá una vigencia indefinida, de la cual revisaremos a detalle más adelante. La función principal de las constancias de empleador es permitir a las empresas o personas físicas emitir ofertas de empleo a extranjeros, que deberán ser autorizadas por el INM para que éstos puedan solicitar una visa con permiso para trabajar en México.

Es importante recalcar que estos requisitos se incluyen de manera enunciativa mas no limitativa ya que el INM tiene facultades discrecionales muy amplias y puede solicitar documentación o información adicional en caso de considerarlo pertinente.

Estas facultades se desprenden de la misma Ley de Migración en su artículo 79 (*Tmx 256779*) que a la letra dice: *"El Instituto podrá allegarse de los medios de prueba que considere necesarios para mejor proveer, sin más limitaciones que las establecidas en esta Ley. ..."*

Ahora bien, creo importante ahondar un poco sobre algunos puntos específicos que si bien son muy relevantes, no se detallan claramente dentro de la legislación migratoria y pueden ser la diferencia entre estar en compliance o no.

Vigencia / Temporalidad

Desafortunadamente ni la legislación migratoria ni el mismo documento de la constancia de empleador mencionan una vigencia o fecha de expiración clara pero si se indica que los empleadores deberán de actualizarla anualmente mediante la última declaración de impuestos. Esto hace referencia a que cada año, los empleadores deben de actualizar sus constancias de empleador al menos con el motivo de confirmar que se han mantenido en cumplimiento en materia fiscal, mediante la presentación de la declaración de impuestos anual del ejercicio fiscal anterior a la fecha de ingreso del proceso.

Ahora bien, tomando en cuenta que las empresas mexicanas tienen hasta el mes de marzo para realizar esto, es recomendable iniciar con dicha actualización a partir del mes de abril de cada año para contar con una constancia de empleador vigente y poder continuar patrocinando procesos migratorios en México.

Notificación de cambios a los datos contenidos dentro de la constancia de empleador

Otro punto importante a tener en consideración son los datos registrados en la constancia de empleador y que son:

- Nombre o razón social de la persona moral
- Número de constancia de inscripción
- Fecha de registro
- Domicilio
- Objeto de la empresa o giro comercial
- Representante legal
- Acta constitutiva
- Registro federal de contribuyentes

Conociendo ya estos puntos, será indispensable el considerar también cuales son aquellos que deben actualizarse. El número de constancia generalmente permanecerá igual, la fecha de registro será la fecha en que se expide o actualiza cada constancia de empleador (anualmente), el número de acta constitutiva también se mantendrá, al igual que el registro federal de contribuyentes, salvo en situaciones muy particulares.

Siendo así, podremos enfocarnos en los datos que si suelen cambiar, en concordancia a lo dispuesto por el artículo 166 del Reglamento de la Ley de Migración (*Tmx 263156*) que indica:

"... *Los empleadores deben notificar dentro de los treinta días naturales a que ocurran los cambios de domicilio, de representante o apoderado legal, adjuntando los instrumentos públicos correspondientes. ...*"

El mismo reglamento nos proporciona ya un plazo para realizar estas notificaciones en caso que existan cambios. No obstante lo anterior, solamente nos habla sobre los cambios de domicilio, representantes o apoderados legales por lo que podemos empezar con ellos:

Cambio de Domicilio

Para los cambios de domicilio, deberemos de tomar en cuenta lo dispuesto por el mismo artículo 166 del Reglamento de la Ley de Migración (*Tmx 263156*) que expone:

"...Para obtener la constancia de inscripción del empleador, los empleadores deben registrar el domicilio fiscal de su empresa. En caso de contar con diversas sucursales u oficinas, se deben dar de alta aquellos domicilios en los que se encuentren laborando personas extranjeras y, en su caso, los datos del representante de cada una de esas oficinas o sucursales. ..."

Como podemos observar, es necesario registrar un domicilio dentro de la constancia de empleador, este domicilio deberá idealmente de coincidir con la cédula de identificación fiscal de la empresa y quedará asentado dentro del documento. De esta manera, cobra especial relevancia el mantenerlo actualizado ya que, si llegase a cambiar y el INM realiza una visita de verificación, por ejemplo, el INM al visitar el domicilio desactualizado no encontraría la empresa que busca y no podría comprobar su normal operación (ver más adelante capítulo de visitas de verificación), lo que podría llevarnos a una vorágine de eventos desafortunadas en donde incluso la empresa podría dejar de tener la capacidad de patrocinar/solicitar trámites migratorios ante el INM y afectar a la población extranjera vinculada con dicha entidad.

Derivado de lo anterior, siempre es altamente recomendable tener previsto notificar al INM sobre un posible cambio de domicilio inmediatamente o lo más pronto posible para evitar inconvenientes. Esta "notificación" debe hacerse por medio de una actualización de constancia de empleador (diferente a las notificaciones que deben hacer los extranjeros a título personal cuando se presentan cambios en su domicilio) en donde se detalle la fecha del cambio, el domicilio anterior y el nuevo, así como incluir los comprobantes de domicilio que acrediten el uso de este nuevo espacio y el cambio de domicilio realizado también ante el servicio de administración tributaria (SAT).

La constancia actualizada que emitirá el INM tras esta acción, incluirá ahora en su carátula el nuevo domicilio registrado.

Por otro lado, será también necesario incluir las sucursales que tenga nuestra empresa, según sea el caso, para lo cual deberemos de incluir los domicilios de cada sucursal, el alta de dicha sucursal ante el SAT, así como incluir a alguna persona encargada para cada sucursal que pudiera atender a migración en caso de ser necesario.

Cambio de Representantes Legales

Los representantes legales incluidos en la constancia son particularmente relevantes en virtud de que serán las únicas personas que estarán facultadas como firmantes para realizar o solicitar cualquier proceso migratorio.

Si bien una persona puede estar facultado mediante un poder notarial para realizar diversas actividades, el INM solicita que estos poderes otorgados mediante un instrumento público sean registrados ante dicho instituto con la finalidad de incluirlos dentro de la constancia de empleador y tener un control más eficaz sobre las personas autorizadas para actuar ante migración.

De igual forma, las personas incluidas dentro de la constancia de empleador como representantes legales serán las personas idóneas para desahogar una posible visita de verificación, situación de la que hablaremos más adelante.

No existe un límite de representantes legales que podamos incluir dentro de la constancia de empleador. Sin embargo, los representantes usualmente deberán de contar con poderes generales o para actos de administración, aunque en algunos casos el INM podría aceptar poderes especiales, limitados o de algún otro tipo, aunque esto puede variar dependiendo de la jurisdicción y la discrecionalidad de los oficiales que reciban el proceso.

Es siempre recomendable incluir a más de un representante legal dentro de la constancia de empleador, al menos, para prevenir cualquier situación de incapacidad, enfermedad o ausencias en general, en donde un representante no pudiera firmar las solicitudes que se pretenden realizar al Instituto y por dicho motivo se tuviera que poner en espera dicha petición o, alternativamente, no poder atender un requerimiento realizado por parte del INM.

Después de conocer un poco más el contexto de este apartado, podemos ya esclarecer que para poder sumar o sustraer a un representante legal de la constancia de empleador, el método deberá de ser un tanto diferente al del cambio de domicilio.

En principio deberá de solicitarse también una actualización de constancia de empleador ante el Instituto, no obstante, para añadir a un representante se deberá de incluir el original y copia del poder notarial en donde se advierta que cuenta con las facultades necesarias para ser incluido, así como una copia de su identificación oficial.

Sobre este punto relativo a la identificación oficial, serán admitidas, al menos actualmente, las credenciales para votar IFE/INE, pasaporte mexicano o cédula profesional, para mexicanos. Para representantes legales extranjeros, es relevante traer a colación que solamente podrán fungir como tales, dentro de la constancia de empleador, aquellos que cuenten con una residencia en México con permiso para realizar actividades remuneradas (permiso de trabajo).

Finalmente, si se desea eliminar a un representante legal que ya se encuentre dentro de la constancia de empleador, deberemos de presentar el instrumento público que contenga la revocación de poderes de dicha persona en conjunto con la solicitud de actualización de constancia de empleador ante el instituto.

Pasado este punto, podemos pasar a aquellos rubros que no han sido mencionados específicamente por la legislación y que a saber son:

Cambio de Nombre, Razón Social o Régimen de la Persona Moral

Este punto es igual de relevante que el del cambio de domicilio ya que, si la empresa cambia de nombre, razón social o régimen, deberemos de informar al instituto con la mayor celeridad posible para evitar inconvenientes como los mencionados anteriormente ya que en una posible visita de verificación la empresa a visitar ya no sería la misma (pues cambio de nombre y se trataría ya de una entidad diferente), en una solicitud de visa por oferta de empleo ya no correspondería tampoco el nombre con el de la empresa que ofrece el trabajo y nos encontraríamos nuevamente fuera de compliance.

Cambio de Objeto Social

El objeto social se incluye desde el otorgamiento de la constancia de empleador. Sin embargo, es posible modificarlo si así se desea mediante una solicitud de actualización de constancia de empleador en donde se incluya el instrumento público de donde se desprenda el nuevo objeto social.

Costo

Este es un elemento interesante relacionado con las constancias de empleador ya que, hasta el año 2023, la obtención de dicho documento no requería el pago de derechos de gobierno. No obstante, a partir de este año existió una reforma para indicar que la recepción, estudio y, en su caso la expedición de una constancia de empleador, debería de llevar aparejado un pago de derechos de gobierno por la cantidad de MXN $360.00 pesos. Por favor tomar en cuenta que los montos se van actualizando anualmente por lo que este monto es vigente durante 2024.

COMENTARIOS A LAS CONSTANCIAS DE INSCRIPCIÓN DE EMPLEADOR

La constancia de empleador es probablemente el proceso más importante para las empresas que busquen contratar personal extranjero en México pues permiten no solo la contratación legal de colaboradores de otras nacionalidades, sino que también conceden la posibilidad de realizar otros tipos de procesos migratorios que sin ellas no podrían hacerse, tales como las solicitudes de visas por oferta de empleo, las notificaciones de cambio de lugar de trabajo (que aun al ser obligaciones de los extranjeros necesitan actualmente mostrar la constancia de la empresa para realizar el proceso), se necesitan para poder continuar con renovaciones de permisos de trabajo, son requeridas durante una visita de verificación, etc.

En virtud de lo anterior, es imprescindible obtener dichas constancias de empleador si se tiene esta meta, así como mantener actualizados los datos contenidos en ellas para mantenernos en compliance.

VISITAS DE VERIFICACIÓN

Las visitas de verificación migratoria son un mecanismo que tiene el Instituto Nacional de Migración (INM) para comprobar que los extranjeros y empleadores que se encuentran en territorio nacional cumplan con las obligaciones previstas en la Ley de Migración y su Reglamento. Estas visitas se pueden realizar tanto a personas físicas como a personas morales que tengan relación con los extranjeros, como empleadores, prestadores de servicios, instituciones educativas, etc.

La orden por la que se disponga la verificación migratoria deberá ser expedida por el INM y precisar el responsable de la diligencia y el personal asignado para la realización de la misma, el lugar o zona que ha de verificarse, el objeto de la verificación, el alcance que deba tener y las disposiciones jurídicas aplicables que la fundamenten y la motiven.

La Ley de Migración establece en su artículo 92 que el INM podrá realizar visitas de verificación migratoria cuando existan indicios o presunciones de que se ha incurrido en alguna infracción a la ley o al reglamento, o cuando se requiera verificar el cumplimiento de las condiciones de estancia de los extranjeros. El Reglamento de la Ley de Migración añade en su artículo 195 que Las autoridades migratorias substanciarán los procedimientos correspondientes y aplicarán las sanciones establecidas en la Ley, sin perjuicio de lo dispuesto por otros ordenamientos legales, observando en todo momento el respeto a los derechos humanos.

La idea de las visitas de verificación migratoria surgió por primera vez en la Ley General de Población de 1974, que en su artículo 67 facultaba al INM (entonces llamado Departamento de Migración) para practicar visitas domiciliarias a los extranjeros y a las personas o entidades que tuvieran relación con ellos. Esta ley fue reformada en varias ocasiones, hasta que fue abrogada por la Ley de Migración en 2011, que introdujo cambios sustanciales en el marco jurídico migratorio mexicano.

Entre los cambios más relevantes se encuentran la incorporación del principio de no criminalización de la migración irregular, el reconocimiento de los derechos humanos de los migrantes, la regulación de las formas y modalidades de ingreso y estancia de los extranjeros, y la simplificación y agilización de los trámites migratorios.

Las visitas de verificación migratoria han evolucionado hasta llegar a lo que son ahora, un instrumento legal que busca garantizar el orden y la seguridad nacional, así como proteger los derechos e intereses legítimos de los extranjeros y de la sociedad mexicana. Sin embargo, también han sido objeto de críticas y cuestionamientos por parte de organizaciones civiles y académicas, que han señalado posibles abusos, arbitrariedades y violaciones a los derechos humanos por parte de las autoridades migratorias.

Para llevar a cabo una visita de verificación migratoria, el INM debe cumplir con una serie de requisitos y formalidades, como son de manera enunciativa y no limitativa:

- Contar con un oficio de comisión, así como una orden de la verificación.
- Identificarse plenamente ante el visitado con una credencial con fotografía, expedida por la autoridad competente que lo acredite como servidor público del Instituto y utilizar el uniforme institucional autorizado.
- Explicar al visitado el motivo y el alcance de la visita, así como sus derechos y obligaciones.
- Solicitar al visitado que le muestre la documentación e información relacionada con su situación migratoria o la de los extranjeros con los que tenga relación.
- Levantar un acta circunstanciada al finalizar la visita, en la que se haga constar lo actuado y lo observado, así como las pruebas recabadas.
- Durante la comparecencia se levantará el acta administrativa correspondiente, en presencia de dos testigos y se entregará copia de la misma al interesado.
- Se le hará saber a la parte visitada que podrá formular observaciones en el acto de la diligencia y ofrecer pruebas en relación a los hechos contenidos en el acta, o bien, por escrito hacer uso de tal derecho dentro del término de los cinco días hábiles siguientes a la fecha en que se hubiere realizado.

Siendo así, podemos indicar que el INM cuenta con la facultad de realizar visitas de verificación y revisión migratoria con el objetivo de comprobar que los extranjeros y empresas cumplan con la legislación migratoria mexicana, tal y como se desprende tanto de los artículos 92-98 de la Ley de Migración, como del 194 al 213 del Reglamento de la Ley de Migración.

Cuando dichas visitas son realizadas a las empresas, se llevarán a cabo usualmente en el domicilio fiscal de la entidad registrada ante migración por medio de una Constancia de Inscripción de Empleador (tal y como vimos anteriormente en el capítulo sobre dichas constancias) y los objetivos principales serán los de comprobar la normal operación de las empresas, la existencia del domicilio registrado, así como el reconocimiento de procesos realizados ante el INM.

Es importante mencionar que dichas visitas pueden ser detonadas por una solicitud realizada ante el INM, como por ejemplo una visa por oferta de empleo, la solicitud o actualización de una constancia de inscripción de empleador, o también pueden hacerse de manera aleatoria por parte de las autoridades.

Derivado de lo anterior, deberemos de considerar que es posible recibir más de una visita de verificación en un año o, por el contrario, no recibir ninguna.

Según datos del INM, el número de visitas de verificación migratoria realizadas por el Instituto Nacional de Migración anualmente ha variado considerablemente en los últimos años. Por ejemplo, en 2015 se realizaron 1,479 visitas tan solo en CDMX; en 2016 se realizaron 1,504 visitas; en 2017 se realizaron 1,252 visitas; en 2018 se realizaron 1,028 visitas; en 2019 se realizaron 502 visitas; en 2020 se realizaron 571; en 2021 se realizaron 542 y finalmente en 2022 se llevaron a cabo 531 visitas en la Ciudad de México[13]. Con base en estos datos, puede apreciarse que las visitas de verificación han disminuido considerablemente durante algunos periodos de la pandemia, pero

---

13 Número de Visitas de Verificación del Instituto Nacional de Migración, *Datos Abiertos*, Gobierno de México. Recuperado en 07 de marzo de 2024, de https://datos.gob.mx/busca/dataset/estadisticas-de-control-y-verificacion-migratoria-del-instituto-nacional-de-migracion/resource/d45fbaed-44e7-4e50-b02e-0e9ae019bd77.

es posible que vuelvan a recuperar números en la actualidad por lo que deberemos estar siempre preparados.

Finalmente es importante tomar en cuenta que existen restricciones aun para dichas visitas, tal y como podemos encontrar en el artículo 76 de la ley de migración (*Tmx 256779*), que a la letra dice:

"El Instituto no podrá realizar visitas de verificación migratoria en los lugares donde se encuentre migrantes albergados por organizaciones de la sociedad civil o personas que realicen actos humanitarios, de asistencia o de protección a los migrantes"

Sin embargo, el mismo Reglamento de la Ley de Migración señala las pautas que deben seguirse para esta limitante en su artículo 212 (*Tmx 263156*), como se observa a continuación:

"Para efectos de lo dispuesto en el artículo 76 de la Ley, las organizaciones de la sociedad civil deberán estar legalmente constituidas y su objeto establecer expresamente alguna de las actividades a que se refiere el artículo 5 de Ley Federal de Fomento a las Actividades Realizadas por Organizaciones de la Sociedad Civil, así como abstenerse de incurrir en las conductas a que se refiere el artículo 159 de la Ley".

Este último artículo 159 se refiere a los delitos en materia migratoria.

COMENTARIOS A LAS VISITAS DE VERIFICACIÓN

Las visitas de verificación migratoria son un aspecto importante del derecho migratorio mexicano, que requieren de un equilibrio entre el ejercicio de la soberanía del Estado y el respeto a los derechos humanos de los migrantes. Es necesario que las autoridades migratorias actúen con legalidad, transparencia y rendición de cuentas, y que los visitados conozcan sus derechos y obligaciones, así como los medios de defensa a su alcance.

Siempre habremos de estar preparados para recibir tales visitas pues, como observamos durante este capítulo, es posible que no recibamos una en mucho tiempo, pero en otro momento tengamos la fortuna de ser visitados múltiples veces.

Asimismo, deberemos de tener a la mano la lista de requisitos que se deben desahogar durante las visitas que son generalmente los mismos que se necesitan para la solicitud de una obtención de constancia de empleador ante el INM (ver capítulo de Constancias de Empleador), más aquellos adicionales que soliciten de acuerdo a sus facultades discrecionales.

Debemos de tener en cuenta también que estas visitas se llevan a cabo por parte de un área particular de migración que se denomina "Dirección General de Control y Verificación Migratoria", la cual podríamos identificar coloquialmente como si fueran la "policía migratoria" por lo que es un aspecto a tomar con bastante seriedad y cumplir sus requerimientos cabalmente.

La penalidad de no lograr pasar exitosamente una visita de verificación puede ser catastrófica, ya que esto pone en mala posición a la compañía o entidad visitada ante migración y podría llegar a prevenirla de continuar patrocinando procesos migratorios, lo cual, a su vez, podría afectar a los extranjeros relacionados con esta entidad (a los cuales se les incorporó mediante una visa por oferta de empleo, cambio de empleador, etc.), e incluso en los casos más extremos no solo podría dejarlos en situación migratoria irregular, sino también impedir su entrada al país o solicitar su comparecencia ante el Instituto para regularizar su situación migratoria.

Esto puede también suceder en caso de que, durante dicha visita, los oficiales de migración identifiquen a algún extranjero que se encuentre en situación migratoria irregular, podrán asegurarlo y llevarlo con ellos en tanto se resuelve su situación, cosa que no es una grata experiencia.

REPSE

El REPSE (Registro de Prestadoras de Servicios Especializados u Obras Especializadas) es un padrón público de empresas que brindan servicios u obras especializadas a terceros en México, el cual es operado por la Secretaría del Trabajo y Previsión Social (STPS). Este registro se creó como parte de la reforma laboral de 2021, que prohibió la subcontratación de personal y estableció que solo se pueden subcontratar servicios u obras que no formen parte del objeto social ni de la actividad económica preponderante de la beneficiaria. El REPSE tiene como objetivo regularizar y controlar a las empresas que prestan servicios especializados, los cuales se caracterizan por contar con elementos o factores distintivos como capacitación, certificaciones, permisos, equipamiento, tecnología, activos, maquinaria, nivel de riesgo, rango salarial promedio y experiencia. El REPSE se instituyó en la legislación mexicana el 23 de abril de 2021 y se volvió obligatorio a partir del 1 de septiembre del mismo año. Las empresas que no se inscriban en el REPSE o que contraten servicios de empresas que no estén registradas pueden enfrentar multas que pueden superar los 4 millones de pesos. El REPSE debe relacionarse con las constancias de empleador emitidas por el Instituto Nacional de Migración (INM) en México, ya que estas constancias son necesarias para que las empresas puedan contratar a trabajadores extranjeros que cuenten con una visa de trabajo. Las constancias de empleador deben renovarse cada año y deben incluir la información del REPSE de la empresa contratante y de la empresa prestadora de servicios especializados, en caso de que exista una relación de subcontratación.

Lo añadimos dentro de este capítulo con el único propósito de señalar que cuando las empresas se encuentran catalogadas dentro de esta clasificación, deben de proporcionar copia de su registro al momento de solicitar una constancia de empleador pues el Instituto Nacional de Migración coadyuva con las autoridades laborales para lograr los objetivos descritos arriba y se añaden anotaciones al archivo de la constancia de empleador de aquellas empresas que cuentan con REPSE.

Mecanismos legales de defensa

VICENTE DUQUE GOICOCHEA

El derecho migratorio corporativo es una rama del derecho que se ocupa de las cuestiones legales relacionadas con la migración en el contexto empresarial. Este campo del derecho se centra en proporcionar asesoría legal a las empresas en temas de migración, especialmente cuando se trata de contratar a personal extranjero y su permanencia en el país.

El estudio de los mecanismos legales de defensa en el derecho migratorio corporativo es un campo de gran importancia y relevancia en la actualidad. Este se centra en la protección de los derechos de las empresas y sus expatriados en el contexto de las leyes migratorias. Asegurando a las compañías que tienen relaciones contractuales con extranjeros que puedan operar de manera efectiva.

Podemos clasificar a los mecanismos legales de defensa en el derecho migratorio corporativo en dos rubros: los administrativos y los jurisdiccionales.

El medio de defensa administrativo se centra en el recurso de revisión, mientras que en los jurisdiccionales encontramos al juicio contencioso administrativo, también llamado juicio de nulidad y el amparo.

Para abordar apropiadamente los medios de defensa es necesario antes referirse a la autoridad migratoria, conocer al Instituto Nacional de Migración y a la Secretaría de Relaciones Exteriores. Así como aludir a los conceptos de principio de legalidad, acto administrativo y recurso administrativo.

AUTORIDAD MIGRATORIA

El artículo 3 de la Ley de Migración precisa que por autoridad migratoria se entenderá al servidor público facultado para realizar funciones en la materia migratoria. Asimismo, el artículo 4 menciona que la aplicación de la Ley de Migración corresponderá a la Secretaría de Gobernación y que se puede apoyar con otras dependencias del aparato federal.

En otras palabras, es la Secretaría de Gobernación a través del Instituto Nacional de Migración y la Secretaría de Relaciones Exteriores, las principales autoridades migratorias del país.

INSTITUTO NACIONAL DE MIGRACIÓN

El Instituto Nacional de Migración es un órgano administrativo desconcentrado de la administración pública federal dependiente de la Secretaría de Gobernación.

El INM instrumenta la política migratoria, provee los procedimientos migratorios y es responsable de permitir el ingreso, tránsito, estancia y salida de los extranjeros. Se encarga de aplicar la ley de migración y su reglamento.

SECRETARÍA DE RELACIONES EXTERIORES

La Secretaría de Relaciones Exteriores (SRE) tiene como misión conducir la política exterior de México, así como coordinar la actuación internacional del gobierno de la República.

El artículo 21 de la Ley de Migración establece las atribuciones en materia migratoria de la Secretaría de Relaciones Exteriores.

PRINCIPIO DE LEGALIDAD

En un estado de derecho, las autoridades están obligadas a hacer solamente lo que la ley les ordena. Es decir, cumplir las facultades que ésta, expresamente les confiere. El principio de legalidad se encuentra establecido en la Constitución, claro es que las autoridades migratorias tienen que apegarse a él.

ACTO ADMINISTRATIVO

El acto administrativo es una manifestación unilateral y externa de la voluntad que expresa una decisión de autoridad administrativa competente en ejercicio de la potestad pública, Esta decisión crea, reconoce, modifica, transmite, declara o extingue derechos u obligaciones, es generalmente ejecutivo y se propone satisfacer el interés general[14].

Los requisitos legales los encontramos en el artículo 3 de la Ley Federal de Procedimiento Administrativo.

Importante aquí es mencionar que todos los actos administrativos en materia migratoria son recurribles. Esto quiere decir que se pueden presentar recursos para expresar la inconformidad en contra de una resolución.

RECURSO ADMINISTRATIVO

Mediante el recurso administrativo, los particulares pueden impugnar los actos y resoluciones que vulneren su esfera jurídica ante la autoridad que los realizó. Implica una posibilidad de que la propia autoridad revise su actuar. Es el medio de defensa establecido en la ley, a favor de los gobernados para que la administración pública revise un acto administrativo que ellos consideran ilegal, quedando aquella obligada a anularlo, modificarlo o confirmarlo.

El recurso administrativo en contra de las resoluciones de las autoridades en materia migratoria es el recurso de revisión.

RECURSO DE REVISIÓN

Contemplado en el título sexto de la Ley Federal de Procedimiento Administrativo, comprendido en los artículos 83 al 96.

---

14 G. E. Castrejón García. *Medios de defensa en materia administrativa y fiscal*, Cárdenas Velasco Editores, México, 2006, pág. 3.

El plazo para interponer el recurso de revisión será de quince días hábiles contados a partir del día siguiente a aquél en que hubiere surtido efectos la notificación de la resolución[15].

El escrito de interposición del recurso de revisión deberá presentarse ante la autoridad que emitió el acto impugnado y será resuelto por el superior jerárquico, salvo que el acto impugnado provenga del titular de una dependencia, en cuyo caso será resuelto por el mismo. Dicho escrito deberá expresar:

I. El órgano administrativo a quien se dirige;

II. El nombre del recurrente, y del tercero perjudicado si lo hubiere, así como el lugar que señale para efectos de notificaciones;

III. El acto que se recurre y fecha en que se le notificó o tuvo conocimiento del mismo;

IV. Los agravios que se le causan;

V. En su caso, copia de la resolución o acto que se impugna y de la notificación correspondiente. Tratándose de actos que por no haberse resuelto en tiempo se entiendan negados, deberá acompañarse el escrito de iniciación del procedimiento, o el documento sobre el cual no hubiere recaído resolución alguna; y

VI. Las pruebas que ofrezca, que tengan relación inmediata y directa con la resolución o acto impugnado debiendo acompañar las documentales con que cuente, incluidas las que acrediten su personalidad cuando actúen en nombre de otro o de personas morales[16].

Una de las principales ventajas que ofrece el recurso de revisión es el de poder solicitar la suspensión del acto reclamado. La suspensión es un instrumento por medio del cual se paraliza lo ordenado por el acto de autoridad mientras se resuelve el recurso. Lo que resulta muy conveniente pues conserva la materia del asunto y evita daños irreparables o de difícil reparación. Para que opere dicha suspensión

---

15 Artículo 85, Ley Federal de Procedimiento Administrativo, (*Tmx 259210*).

16 Artículo 86, Ley Federal de Procedimiento Administrativo, (*Tmx 259210*).

se debe cumplir con lo dispuesto por el artículo 86 de la Ley Federal de Procedimiento Administrativo:

La interposición del recurso suspenderá la ejecución del acto impugnado, siempre y cuando:

I. Lo solicite expresamente el recurrente;

II. Sea procedente el recurso;

III. No se siga perjuicio al interés social o se contravengan disposiciones de orden público;

IV. No se ocasionen daños o perjuicios a terceros, a menos que se garanticen éstos para el caso de no obtener resolución favorable; y

V. Tratándose de multas, el recurrente garantice el crédito fiscal en cualesquiera de las formas prevista en el Código Fiscal de la Federación.

La autoridad deberá acordar, en su caso, la suspensión o la denegación de la suspensión dentro de los cinco días siguientes a su interposición, en cuyo defecto se entenderá otorgada la suspensión[17].

PRESENTACIÓN DEL RECURSO DE REVISIÓN

La interposición del recurso de revisión se realiza en la oficina que emitió la resolución reclamada. Por ejemplo, si quien emitió la resolución fue el Instituto Nacional de Migración éste se deberá presentar ante la Oficina de Representación del INM de la cual provino.

Si bien el recurso no precisa mayor formalidad más que lo previsto en el artículo 16 de la LFPA, a continuación, presentamos un modelo de recurso de revisión de empresa.

---

17 Artículo 87, Ley Federal de Procedimiento Administrativo, (*Tmx 259210*).

MODELO DE RECURSO DE REVISIÓN DE EMPRESA

SECRETARÍA DE GOBERNACIÓN
INSTITUTO NACIONAL DE MIGRACIÓN
OFICINA DE REPRESENTACIÓN DEL INM EN ____________________
P R E S E N T E

ASUNTO: RECURSO DE REVISIÓN EN CONTRA DE LA RESOLUCIÓN DE FECHA __________ FOLIO __________ EMITIDA POR ____________________

NUT __________

PROMOVENTE: ____________________

AUTORIDAD RESPONSABLE: ________

____________________________ de nacionalidad ___________, en mi carácter de representante legal de la empresa ____________________________, personalidad que acredito mediante el instrumento notarial número __________, tirada ante la Fe del ______________________, Notario Público No. _______, de esta ciudad de ____________________, con fecha ________________, señalando como domicilio para oír y recibir notificaciones el ubicado en _____________________________ y autorizando en términos y para los efectos de lo dispuesto por el artículo 19 de la Ley Federal de Procedimiento Administrativo al/los CC. ______________________________, ante usted comparezco a fin de exponer la presente inconformidad ______________________________ en perjuicio de mi representada, respetuosamente expongo:

Que por medio del presente libelo y con fundamento en lo dispuesto por los artículos 8°, 14 y 16 de nuestra Constitución, en relación con los artículos 3, 5, 6, 16, 17, 83, 84, 85 y 86, todos de la Ley Federal de Procedimiento Administrativo, vengo a promover **RECURSO DE REVISIÓN** en contra de la resolución ___________________, notificada el día ___________________.

Por lo anterior manifiesto los siguientes:

ANTECEDENTES

I.- ____

II.- ____

Para efectos del desarrollo de los agravios, paso a la narración de los siguientes:

HECHOS

I.- ____________________

II.- ____________________

AGRAVIOS

PRIMERO.- ____________________

SEGUNDO. - ____________________

PRUEBAS

Con el fin de soportar documentalmente el agravio antes expresado, anexo al presente:

I.- ____________________

II.- ____________________

Por todo lo anteriormente expuesto y fundado, de esa H. Autoridad Migratoria atentamente pido se sirva:

PRIMERO. Tenerme por presentado en tiempo y forma, a efecto de interponer el **RECURSO DE REVISIÓN** en contra de la resolución emitida por ____________________, por medio de ____________. Autoridad señalada como responsable, bajo el oficio ____________ de fecha ____________, mismo que fue notificado el ________________.

SEGUNDO. Tomo en consideración que, de acuerdo con la Ley Federal de Procedimiento Administrativo, se tiene un plazo de 15 días hábiles contados a partir del día hábil siguiente a que surte sus efectos la resolución para interponer el recurso de revisión.

TERCERO. Tener por reconocida la personalidad del suscrito, así como la de las personas que se autorizan.

CUARTO. Suspender temporalmente todos los efectos de la resolución impugnada y una vez dictada la resolución correspondiente al presente recurso de revisión se suspendan de manera íntegra y definitiva.

PROTESTO LO NECESARIO

(Lugar y Fecha)

ATENTAMENTE

____

REPRESENTANTE LEGAL

COMENTARIOS AL RECURSO DE REVISIÓN

El recurso de revisión es un instrumento de control de los actos y resoluciones de la autoridad migratoria. Resalta su aspecto correctivo, ya que permite a la propia autoridad corregir un error o una injusticia.

Permite a las empresas y a sus empleados expatriados la posibilidad de resolver circunstancias que les afecten antes de formalmente emprender un juicio y acudir a tribunales.

Una de sus grandes bondades es la suspensión del acto. Esto quiere decir que la resolución cesa sus efectos durante el tiempo en que se resuelve el recurso, siempre y cuando así se solicite.

Permite la representación, el recurso puede realizarlo apoderado o persona autorizada y no tiene costo.

Tiene la ventaja de la ausencia de formalidades, porque el espíritu de éste radica en la sencillez. El recurso de revisión no se sujeta a las mismas formalidades o tecnicismos propios de las acciones ante un tribunal, sino que deben darse facilidades para que el particular pueda acudir en inconformidad ante la misma administración, sin un rigorismo extremo[18]. La Segunda Sala de la Suprema Corte de Justicia de la Nación sostuvo que las formalidades no son esenciales para su procedencia:

RECURSOS ADMINISTRATIVOS, FORMULISMOS Y EXIGENCIAS DE EXPRESIÓN EN LOS. NO SON ESENCIALES PARA QUE PROCEDAN. La doctrina está de acuerdo en que recurrir es acudir ante un Juez u otra autoridad con alguna demanda o petición para que sea resuelta; y que recurso es la acción o efecto de recurrir, o más precisamente, la acción por medio de la cual se reclaman las resoluciones dictadas por la autoridad; que los elementos característicos del recurso son: la existencia de una resolución que afecte un derecho; la determinación por la ley de la autoridad ante quien deba presentarse; el plazo para ello; que se interponga por escrito; que exista un procedimiento para su tramitación y que la autoridad ante la que se interponga esté obligada a resolver. Por lo que se refiere a formulismos y exigencias de expresión, han sido atenuados en la le-

---

18 E. Margain Manautou, *El Recurso Administrativo*, México, 2013, pág. 204.

gislación y la jurisprudencia, y se ha procurado no sólo simplificarlos, sino lograr la mayor facilidad para que juicios y recursos se tramiten con eficacia y rapidez. Así se ha determinado que la acción procede en juicio aun cuando no se exprese su nombre; que las demandas con irregularidades en vez de desecharlas se manden aclarar, tanto en el juicio de amparo como en los que regula el Código Federal de Procedimientos Civiles; que se faculta a las autoridades judiciales federales en el juicio de garantías para suplir el error en que haya incurrido la parte agraviada al citar la garantía cuya violación reclame, y aun en los juicios ante el Tribunal Fiscal de la Federación se admite que no es necesario que se expresen en forma concreta en la demanda los agravios, ya que también pueden estudiarse los que implícitamente se han hecho valer al negar los hechos. En materia administrativa o fiscal, y en orden a los recursos, esta amplitud de criterio se explica porque, si en su origen los recursos tuvieron como fin proteger los derechos de los administrados, ese criterio ha sido sustituido por una concepción social en la que, sin desentenderse de los intereses particulares, se tiene presente como objetivo principal "el asegurar la juridicidad de la acción administrativa y con ella el interés de la administración que surge de las mismas normas jurídicas que regulan su actuación". De ahí que no sea aceptable desechar recursos o promociones por razones de forma o por exigencias de expresión, cuando sea posible suplir su oscuridad por medio de la interpretación; pues "la acción de los particulares en el control administrativo concurre no sólo a la defensa de sus derechos e intereses, sino también, y en forma principal, a garantizar la legitimidad administrativa; va de suyo que no existe interés alguno en eliminar esa intervención por meras deficiencias formales, ya que ello implicaría obrar contra esa legitimidad de la administración"[19].

Si bien el recurso de revisión tiene sus bondades, también tiene inconvenientes.

---

19 Tesis Aislada identificada con el número de registro 238565, emitida por la Segunda Sala de la Suprema Corte de Justicia de la Nación, Semanario Judicial de la Federación y su Gaceta, Séptima Época, pág. 37, volumen 63, tercera parte, (*Tmx 33391*).

Primeramente, el recurso recae sobre la propia autoridad que emitió el acto. Por lo que será la autoridad juez y parte en el mismo, lo que pudiera tener un revestimiento de desventaja.

El tiempo, el artículo 17 de LFPA nos indica que la dependencia no podrá excederse más de tres meses en resolver. De la misma manera, expresa que aplica la figura de la negativa ficta. Es decir, que transcurrido el plazo se entenderá la resolución en sentido negativo al promovente.

Del mismo modo, no aplica el principio de la suplencia de la queja. La suplencia de la queja es una figura que ordena a la autoridad subsanar las omisiones o imperfecciones en las pretensiones del ofendido. De ahí que, aunque la ley prevé que la autoridad pueda corregir errores en lo solicitado por el interesado, también es tajante en que no se podrán revocar o modificar actos en la parte no impugnada por el recurrente. Esto incluso en perjuicio del quejoso, ya que si omitió reclamar actos que lo afectan en su esfera jurídica, la autoridad no subsanará.

Por último, es preciso hablar sobre su optatividad, puesto que será prerrogativa del interesado interponerlo o bien, intentar la vía jurisdiccional que corresponda de forma directa.

Durante el año 2023 se presentaron 254 recursos de revisión a nivel nacional en todas las oficinas de representación del INM. De las cuales 94 fueron resueltas a favor a los interesados, 134 en contra y el resto continúan pendientes. Si bien la información muestra que en su mayoría se resolvieron en sentido negativo, también hay un número importante de resoluciones favorables[20].

En suma, la interposición del recurso de revisión es muy aconsejable excepto en los casos en que los actos de autoridad resulten de una gravedad tal, que sea necesario acudir directamente al juicio contencioso administrativo o proteger inmediatamente derechos fundamentales con el amparo. Es excelente herramienta para solucionar errores o injusticias de forma y fondo respecto a trámites migratorios y para visitas de verificación a empresas.

---

20 Solicitud 330020324000127, oficios INM/DGCOR/0619/2024 e INM/SCJ/1028/2024, Unidad de Transparencia del INM, (2024).

JUICIO DE NULIDAD

Cuando la autoridad administrativa mediante el recurso de revisión no considera que su acto sea ilegal, no queda más que accionar la vía jurisdiccional. El medio de control jurisdiccional sobre los actos de la administración pública es el juicio contencioso administrativo, también llamado juicio de nulidad.

Desde el punto de vista material existe el contencioso administrativo cuando hay una controversia entre un particular afectado en sus derechos y la administración, con motivo de un acto de esta última[21].

El juicio de nulidad se rige por la Ley Federal de Procedimiento Contencioso Administrativo y se tramita ante el Tribunal de Justicia Administrativa.

Las partes en un juicio de nulidad son el demandante, el demandado y el tercero que tenga un derecho incompatible con la pretensión del demandante.

La demanda se podrá presentar mediante juicio en la vía tradicional, por escrito ante la sala regional o en línea a través del sistema de justicia en línea.

Como regla general, el plazo para interponer la demanda es de treinta días hábiles.

Los requisitos de la demanda son:

I. El nombre del demandante, domicilio fiscal, así como domicilio para oír y recibir notificaciones dentro de la jurisdicción de la Sala Regional competente, y su dirección de correo electrónico. Cuando se presente alguno de los supuestos a que se refiere el Capítulo XI, del Título II, de esta Ley, el juicio será tramitado por el Magistrado Instructor en la vía sumaria.

II. La resolución que se impugna. En el caso de que se controvierta un decreto, acuerdo, acto o resolución de carácter general, precisará la fecha de su publicación.

---

[21] G. Fraga, *Derecho Administrativo*, 40ª ed., México, Porrúa, 2002, pág. 444.

III. La autoridad o autoridades demandadas o el nombre y domicilio del particular demandado cuando el juicio sea promovido por la autoridad administrativa.

IV. Los hechos que den motivo a la demanda.

V. Las pruebas que ofrezca. En caso de que se ofrezca prueba pericial o testimonial se precisarán los hechos sobre los que deban versar y señalarán los nombres y domicilios del perito o de los testigos. En caso de que ofrezca pruebas documentales, podrá ofrecer también el expediente administrativo en que se haya dictado la resolución impugnada. Se entiende por expediente administrativo el que contenga toda la información relacionada con el procedimiento que dio lugar a la resolución impugnada; dicha documentación será la que corresponda al inicio del procedimiento, los actos administrativos posteriores y a la resolución impugnada. La remisión del expediente administrativo no incluirá las documentales privadas del actor, salvo que las especifique como ofrecidas. El expediente administrativo será remitido en un solo ejemplar por la autoridad, el cual estará en la Sala correspondiente a disposición de las partes que pretendan consultarlo.

VI. Los conceptos de impugnación.

VII. El nombre y domicilio del tercero interesado, cuando lo haya.

VIII. Lo que se pida, señalando en caso de solicitar una sentencia de condena, las cantidades o actos cuyo cumplimiento se demanda[22].

¿Cuándo es aconsejable optar por un juicio de nulidad? En principio, cuando el acto de autoridad no afecte derechos humanos, pues en ese caso estaríamos en presencia de materia de amparo, tema del que nos ocuparemos más adelante. En materia migratoria el juicio de nulidad es útil para combatir resoluciones con afectaciones puramente administrativas; como lo pueden ser: negativas de trámites

---

22 Artículo 14, Ley Federal de Procedimiento Contencioso Administrativo.

migratorios de empresa y de sus empleados, visitas de verificación y multas por infracciones a la Ley de Migración.

La información aquí vertida sobre el juicio de nulidad es sólo un esbozo y tiene como finalidad únicamente ilustrar de forma general.

COMENTARIOS AL JUICIO DE NULIDAD

Lo recomendable es contar con la asistencia de un abogado, ya que es menester el conocimiento legal en vista de que existen diversas etapas del juicio, recursos, plazos y se precisa de cierto nivel de técnica jurídica.

Una de las ventajas del juicio de nulidad es que brinda acceso a una instancia judicial especializada para impugnar actos administrativos.

Una de sus principales bondades es la suspensión del acto, que se puede solicitar durante la tramitación del proceso.

Por otra parte, tiene como desventaja que puede ser un juicio largo, complejo y oneroso.

En el período del 1 de enero de 2023 al 31 de diciembre de 2023, el Tribunal Federal de Justicia Administrativo recibió 557 demandas en la que la autoridad demandada es el Instituto Nacional de Migración. En su gran mayoría, por motivo de negativas de trámites migratorios[23].

El juicio de nulidad ofrece una protección a los derechos de las empresas y de sus empleados expatriados frente a actuaciones erróneas o ilegales por parte de las autoridades migratorias, estableciendo un escenario ideal para dirimir éstas controversias.

AMPARO

No es objeto de esta obra estudiar en su totalidad el juicio de amparo, cosa por demás ambiciosa, sino que nos limitaremos sólo a

---

[23] Folio 330029624000035, No Oficio: UT-SI-0278/2024, Unidad de Transparencia, Tribunal Federal de Justicia Administrativa, (2024).

presentar aspectos fundamentales que puedan ser útiles a las empresas y a su personal extranjero.

El amparo puede promoverlo la persona física o moral a quien afecte un acto de autoridad, pero por lo extraordinario de su carácter, su nivel de tecnicidad y su trascendencia, lo recomendable es que sea un abogado experto quien lo promueva.

Escuetamente, el juicio de amparo es un control constitucional por el cual se protegen los derechos humanos de los gobernados frente al poder público.

La naturaleza jurídica está determinada en los artículos 103 y 107 de la Constitución y se encuentra reglamentada en la Ley de Amparo.

El amparo es un juicio o proceso que se inicia por la acción que ejercita cualquier gobernado ante los órganos jurisdiccionales federales contra todo acto de autoridad que le causa un agravio en su esfera jurídica y que considere contrario a la Constitución, teniendo por objeto invalidar dicho acto o despojarlo de su eficacia por su inconstitucionalidad o ilegalidad en el caso concreto que lo origine[24].

El juicio de amparo es un medio jurisdiccional protector de los derechos humanos establecidos en la Constitución y en los tratados internacionales de los que México forme parte[25].

El amparo sirve para proteger derechos como el de la libertad personal, la seguridad, la libre circulación por el territorio nacional, el debido proceso, la no discriminación, la protección consular, la deportación o expulsión, la reunificación familiar, la salud, la educación, el trabajo, entre otros.

Son partes en el juicio de amparo: el quejoso, la autoridad responsable, el tercero interesado y el ministerio público.

El plazo general para la interposición de amparo es de quince días hábiles con ciertas excepciones. Principalmente nos interesa la excepción del artículo 17 fracción IV de la Ley de Amparo (*Tmx 261935*): "*Cuando el acto reclamado implique peligro de privación de la vida, ataques a la libertad personal fuera de procedimiento, incomunicación, deportación o expulsión, proscripción o destierro, desaparición forzada de*

---

24 I. Burgoa Orihuela, *El Juicio de Amparo, México,* Porrúa, 2009, pág. 177.

25 I. Ramírez Chavero, *Derecho Procesal Administrativo,* México, 2019, pág. 379.

personas... podrá presentarse en cualquier momento". Esto es de especial relevancia, por razón de que varias acciones del Instituto Nacional de Migración recaen en estos supuestos.

El amparo puede tener distintos efectos según el caso concreto. Por ejemplo, puede ordenar la suspensión provisional o definitiva del acto reclamado, la restitución de los derechos violados, la reparación integral del daño, la modificación o anulación de una norma inconstitucional o la emisión de una nueva resolución.

La suspensión del acto reclamado es una de las instituciones de mayor relevancia del amparo. Impide que el quejoso sea afectado durante la tramitación del juicio, evitando así notables perjuicios. La suspensión del acto reclamado se decretará de oficio o a petición del quejoso[26].

Existen dos tipos de amparo; indirecto y directo. El amparo indirecto se presenta en contra de normas, actos u omisiones de una autoridad ante un Juzgado de Distrito, un Tribunal Unitario de Circuito o un Tribunal Colegiado de Apelación. Mientras que el amparo directo se presenta en contra de sentencias, laudos y resoluciones definitivas ante un Tribunal Colegiado de Circuito o la Suprema Corte de Justicia de la Nación.

La demanda de amparo indirecto deberá formularse por escrito o por medios electrónicos en los casos en los que la ley lo autorice y sus requisitos los encontramos en el artículo 108 de la LA (*Tmx 261935*):

I. El nombre y domicilio del quejoso y del que promueve en su nombre, quien deberá acreditar su representación;

II. El nombre y domicilio del tercero interesado, y si no los conoce, manifestarlo así bajo protesta de decir verdad;

III. La autoridad o autoridades responsables. En caso de que se impugnen normas generales, el quejoso deberá señalar a los titulares de los órganos de Estado a los que la ley encomiende su promulgación. En el caso de las autoridades que hubieren intervenido en el refrendo del decreto promulgatorio de la ley o en su publicación, el quejoso deberá

---

26 Artículo 125, Ley de Amparo, (*Tmx 261935*).

señalarlas con el carácter de autoridades responsables, únicamente cuando impugne sus actos por vicios propios;

IV. La norma general, acto u omisión que de cada autoridad se reclame;

V. Bajo protesta de decir verdad, los hechos o abstenciones que constituyan los antecedentes del acto reclamado o que sirvan de fundamento a los conceptos de violación;

VI. Los preceptos que, conforme al artículo 1° de esta Ley, contengan los derechos humanos y las garantía cuya violación se reclame.

VII. Si el amparo se promueve con fundamento en la fracción II del artículo 1° de esta Ley, deberá precisarse la facultad reservada a los estados u otorgada al Distrito Federal que haya sido invalidad por la autoridad federal, si el amparo se promueve con apoyo en la fracción III de dicho artículo, se señalará el precepto de la Constitución General de la República que contenga la facultad de la autoridad federal que haya sido vulnerada o restringida; y

VIII. Los conceptos de violación.

La demanda de amparo directo deberá formularse por escrito y el artículo 175 de la LA nos indica lo que debe contener:

I. El nombre y domicilio del quejoso y de quien promueve en su nombre;

II. El nombre y domicilio del tercero interesado;

III. La autoridad responsable;

IV. El acto reclamado.

V. La fecha en que se haya notificado el acto reclamado al quejoso o aquella en que hubiese tenido conocimiento del mismo.

VI. Los preceptos que, conforme a la fracción I del artículo 1° de esta Ley, contengan los derechos humanos cuya violación se reclame; y

VII. Los conceptos de violación.

COMENTARIOS A LA DEMANDA DE AMPARO

El juicio de amparo, por sus alcances y efectos, constituye una de las instituciones jurídicas de mayor trascendencia en el derecho positivo mexicano.

El amparo es una herramienta de defensa para pedirle a los tribunales que revisen y garanticen la protección de los derechos humanos cuando éstos sean violentados o amenazados por un acto de autoridad.

Particularmente en materia migratoria, el juicio de amparo es esencial para proteger derechos humanos de los empleados expatriados de compañías en México. Como lo pueden ser casos de órdenes de salida de territorio nacional, aseguramientos en estaciones migratorias, alertas migratorias, proteger la unidad familiar, combatir una deportación o expulsión, entre otros.

Tiene como una de sus principales virtudes la suspensión del acto reclamado y la suplencia de la queja. Ya hemos comentado sobre la suspensión en el recurso de revisión y en el juicio de nulidad, en esencia opera del mismo modo en el amparo. Ahora bien, en el juicio de amparo opera la suplencia de la queja, esto quiere decir que el órgano de control subsanará las omisiones e imperfecciones en los conceptos de violación o agravios por parte del quejoso, ya sea por no estar debidamente desenvueltos o incluso por faltar total o parcialmente.

Como desventajas en el juicio de amparo podemos mencionar que es un procedimiento excesivamente técnico y complejo, lo que orilla prácticamente a contar con asesoría jurídica especializada. Al igual que el juicio de nulidad, puede llegar a ser un proceso largo y dispendioso.

Durante el año 2023 solamente se presentaron 4 amparos directos sobre sentencias del Tribunal Federal de Justicia Administrativa cuyo objeto haya sido una resolución del Instituto Nacional de Migración[27].

---

27 Solicitud 330020324000134, oficio INM/DGCOR/0623/2024, Unidad de Transparencia, Instituto Nacional de Migración, (2024).

En el mismo período, se promovieron 4,096 amparos indirectos en contra de resoluciones del Instituto Nacional de Migración[28]. Requiere análisis a parte la cantidad de casos que se judicializaron. Resalta la importancia del amparo para la protección de derechos humanos por actos realizados por la autoridad migratoria más importante del país.

En conclusión, el amparo es un instrumento eficaz para proteger los derechos humanos de los empleados expatriados de empresas en México, pero también enfrenta diversos retos y obstáculos para su acceso y efectividad; y por su definitividad, es imprescindible darle su debida seriedad.

MEDIOS DE DEFENSA NO JURISDICCIONALES

Además de la protección jurisdiccional que se lleva a cabo en los juzgados y tribunales federales, existe la protección no jurisdiccional de los derechos humanos a cargo de los organismos que tienen su fundamento en el artículo 102, apartado B, de la Constitución Política.

Los organismos no jurisdiccionales cumplen con una labor de difusión, enseñanza, divulgación y protección de los derechos humanos. Otorgan orientación y protección en los casos en que se pueda presumir que existe una violación a éstos. Cabe destacar la facultad que tienen de conocer sobre quejas en contra de actos u omisiones de naturaleza administrativa provenientes de cualquier autoridad o servidor público (a excepción del Poder Judicial de la Federación) y formular recomendaciones, que a pesar de no ser vinculantes, cuando la autoridad no las acata, éstas deberán fundar, motivar y hacer públicas el porqué de sus negativas.

Por último, es importante mencionar la labor que realizan la Comisión Mexicana de Ayuda a Refugiados (COMAR) y la Comisión Nacional de los Derechos Humanos (CNDH) cuyas recomendaciones con alcance migratorio, enriquecen y forman precedente en la

---

[28] Solicitud 330020324000134, oficio INM/DGCOR/1027/2024, Unidad de Transparencia, Instituto Nacional de Migración, (2024).

lucha de regulaciones en favor de los extranjeros en México, y que en últimas fechas, tienen un peso específico ante las autoridades.

CONCLUSIONES

El estudio de los mecanismos legales de defensa en el derecho migratorio corporativo implica un análisis detallado de las leyes y regulaciones existentes, así como de los mecanismos de defensa disponibles para proteger los derechos de las empresas y de sus empleados.

Es un campo que requiere de un profundo conocimiento legal y una comprensión de los desafíos únicos que enfrentan las compañías y sus expatriados en el actual contexto de movilidad corporativa.

La migración corporativa en México ante el Nearshoring y el T-MEC

Una aproximación de los retos y oportunidades del cambio político y el nuevo marco comercial para las empresas y los trabajadores extranjeros

MIGUEL JIMÉNEZ CALDERÓN

La migración es un fenómeno complejo y multifacético que ha sido una constante en la historia de la humanidad. En México, la migración ha jugado un papel crucial en la configuración de la sociedad y la economía del país. En particular, la migración corporativa ha surgido como una tendencia importante en los últimos años. La falta de oportunidades es un factor clave que impulsa la migración. Cuando las personas buscan una vida mejor, optan por mudarse para ofrecer mayores oportunidades a sus familias. La experiencia es sorprendentemente similar en muchos casos: hay pocas oportunidades en su lugar de origen, y se dan cuenta de que, al mudarse a solo diez horas en automóvil, como es frecuentemente el caso en Norteamérica, pueden aumentar sus ingresos por un factor de cuatro o más[29], y tienen una posibilidad mucho mayor de conseguir un empleo estable.

Normalmente, esto implica que alguien se mude desde el sur de México hacia las áreas industrializadas a lo largo de la frontera con Estados Unidos. Incluso cuando logran conseguir un trabajo, la atracción de empleo más lucrativo al otro lado de la frontera lleva a muchos a intentar cruzar, algunos de manera legal con documentos en regla, pero lamentablemente muchos lo hacen de manera ilegal. Muy pocos desean dejar su hogar, dejando atrás a familiares y amigos. La mayoría siente que es la única opción viable para sobrevivir

---

29 J. Lara Lara, "Ingresos Laborales en México y Estados Unidos para migrantes temporales", *Migraciones Internacionales*, Vol. 9, Núm. 1, enero-junio de 2017, El Colegio de la Frontera Norte, Conahcyt. pág. 98.

y enviar dinero a casa para ayudar a sus familias. Esta situación se ha encontrado durante muchos años en el origen de la migración en la región y seguirá, al menos por el futuro inmediato, jugando un papel determinante en las motivaciones y tendencias en la movilidad humana. Es razonable asumir que la migración en la región, tanto regular como irregular, seguirá incrementándose por factores económicos, de seguridad, sociales e incluso el cambio climático que afecta con mayor gravedad los cultivos en Centroamérica.

Con esto como contexto, entendemos que la migración laboral se refiere a "*el movimiento de personas de un país a otro, o dentro de su propio país de residencia, con fines laborales*"[30], ya sea dentro de una misma empresa o buscando nuevas oportunidades. Es un fenómeno que tiene implicaciones económicas, sociales y culturales tanto para los individuos como para las regiones involucradas. Para finales del año 2023, México ha sido, por una variedad de factores geopolíticos y económicos, el receptor de inversión extranjera como parte del fenómeno de nearshoring[31]. Esto implica mayor inversión por parte de empresas que inician o amplían operaciones en México, lo que entonces se traducirá en un incremento en la migración corporativa hacia México al menos durante el futuro.

La migración corporativa en México es una tendencia que probablemente continuará en el futuro previsible, impulsada por una combinación de factores económicos, sociales y políticos.

A medida que México continúa atrayendo inversión extranjera y creando oportunidades de empleo, es probable que veamos un aumento en la migración corporativa hacia el país. Sin embargo, también es crucial abordar los desafíos asociados con la migración, incluyendo la necesidad de garantizar los derechos de los migrantes y de gestionar eficazmente los impactos sociales y culturales de la migración.

---

30 *Glosario de la OIM sobre Migración*, Derecho Internacional Sobre Migración, OIM ONU Migración, 2019. pág. 128.

31 R. García Torres Trueba, (2023). Nearshoring: oportunidad para la migración corporativa en México. *Revista Abogacía*. Recuperado en 07 de marzo de 2024, de https://www.revistaabogacia.com/nearshoring-una-oportunidad-para-la-migracion-corporativa-en-mexico/.

CONCENTRACIÓN DE LA MIGRACIÓN CORPORATIVA EN CIUDADES CLAVE DE MÉXICO, CON ALTOS GRADOS DE INDUSTRIALIZACIÓN

La migración corporativa es un fenómeno que ha cobrado relevancia en los últimos años en México. Este proceso se ha concentrado principalmente en las áreas metropolitanas clave como la Ciudad de México, Monterrey, Guadalajara, Aguascalientes y Querétaro[32]. Estas ciudades, caracterizadas por su alto grado de industrialización, han atraído a un gran número de migrantes corporativos en busca de mejores oportunidades laborales.

Sin embargo, esta concentración de la migración corporativa en ciertas áreas ha planteado desafíos notables en términos de procesamiento y capacidad de respuesta por parte de las oficinas del Instituto Nacional de Migración (INM). Según el manual de la OIM (2020)[33], los desafíos de la migración corporativa en México por parte del Instituto Nacional de Migración (INM) son la alta demanda de servicios, que ha llevado a una saturación que impacta en los tiempos de procesamiento y la disponibilidad de turnos para los migrantes corporativos. Este es un problema que requiere atención y soluciones innovadoras para garantizar un proceso de migración eficiente y justo.

A pesar de que estas áreas metropolitanas han sido destinos primarios, es interesante notar que la migración corporativa no se limita exclusivamente a ellas. Existe una tendencia emergente hacia ciudades medianas y pequeñas que ofrecen ventajas competitivas en aspectos como calidad de vida, seguridad, infraestructura y desarrollo económico. Ciudades como Puebla, León, Toluca, entre otras, están comenzando a atraer a migrantes corporativos, lo que sugiere una expansión y diversificación en los patrones tradicionales de migración corporativa.

---

32 J. A. Granados-Alcantar & L. M. Franco-Sánchez, (2017). Migración y movilidad laboral entre las zonas metropolitanas de la región centro de México. *Papeles de población,* Vol. *23* Núm. 9 (2017) págs. 117-141.

33 V. Negro, *Manual Informativo Desafíos y oportunidades en la contratación de personas migrantes en México,* OIM ONU Migración, 2019. pág. 10.

Este cambio en los destinos de migración corporativa se alinea con el crecimiento de sectores económicos dinámicos como el automotriz, aeroespacial, electrónico, farmacéutico y de servicios financieros. Estos sectores demandan talento especializado, lo que motiva a profesionales a trasladarse en busca de oportunidades laborales que no solo ofrecen un mejor sustento, sino que también contribuyen al desarrollo y la innovación en estas industrias estratégicas. La migración corporativa, en última instancia, ha impulsado la movilidad social ascendente de los trabajadores. Este fenómeno no solo se traduce en mejoras palpables en condiciones de vida, educación y salud para los migrantes, sino que también tiene un impacto positivo en el acceso a bienes y servicios esenciales. Además, este proceso ha dado lugar a un enriquecedor intercambio cultural, brindando una mayor diversidad a las regiones receptoras.

Las contribuciones de los migrantes en términos de conocimientos, habilidades, valores y costumbres fortalecen la identidad y el desarrollo de estas comunidades emergentes. A medida que más migrantes corporativos se establecen en estas áreas, es probable que veamos un aumento en la diversidad cultural y un enriquecimiento de la identidad local. La migración corporativa en México es un fenómeno en constante evolución. Aunque se ha concentrado en ciertas áreas metropolitanas, está comenzando a expandirse a ciudades medianas y pequeñas. Este proceso tiene implicaciones significativas tanto para los migrantes como para las áreas receptoras, y es probable que continúe moldeando el panorama económico y social de México en los años venideros. Es crucial que las políticas y estrategias de migración se adapten a estas tendencias emergentes para garantizar un proceso de migración eficiente, justo y beneficioso para todos los involucrados.

OPORTUNIDADES Y TENDENCIAS EN MIGRACIÓN CORPORATIVA DERIVADAS DEL NEARSHORING EN MÉXICO

El nearshoring es una estrategia que implica reubicar o subcontratar los servicios o la producción de una empresa a un país vecino. Esta estrategia ofrece numerosas ventajas, como la reducción de costos, tiempos de entrega más cortos, mejor comunicación y coordinación, y una mayor compatibilidad cultural y legal. Sin embargo, también presenta desafíos y riesgos, particularmente en el área del Instituto Nacional de Migración (INM).

Un ejemplo principal de nearshoring es la creciente tendencia de las empresas estadounidenses a trasladar o expandir sus operaciones a México, particularmente en los sectores de manufactura, tecnología y servicios. Hay además un creciente interés en el desarrollo de personal calificado para atender la creciente industria de semiconductores en Estados Unidos, México jugará un papel fundamental en la cadena de suministro para esta industria en América del Norte[34]. México ha superado a China y otros países para convertirse en el destino de nearshoring más atractivo para las empresas estadounidenses, gracias a su rentabilidad, calidad y productividad.

Los factores que contribuyen al atractivo de México como ubicación de nearshoring incluyen proximidad y fácil acceso al mercado estadounidense, una fuerza laboral grande y calificada, un entorno empresarial favorable y un sistema político estable y democrático. Estos factores han hecho de México un destino atractivo para las empresas que buscan expandir sus operaciones y aprovechar las ventajas que ofrece el nearshoring.

A medida que más empresas estadounidenses establecen o expanden sus operaciones en México, también necesitan traer o contratar a más extranjeros para trabajar en sus instalaciones mexicanas. Estos extranjeros, ya sean viajeros de negocios o residentes, deben cumplir con las leyes y regulaciones de inmigración de México, que pueden diferir de las de su país de origen.

Además, estas leyes y regulaciones de inmigración pueden cambiar con el tiempo, dependiendo de la situación política y económica de México y sus relaciones con los Estados Unidos y otros países. Por lo tanto, es crucial para las empresas y las personas involucradas en el nearshoring entender las tendencias actuales de inmigración en

---

[34] G. Penchyna, (2023). Post-AMLO? The North American Semiconductor Opportunity. *Wilson Center.* Recuperado en 07 de marzo de 2024, de https://www.wilsoncenter.org/article/post-amlo-north-american-semiconductor-opportunity.

México y anticipar y prepararse para cualquier cambio potencial que pueda afectar sus operaciones comerciales y situaciones personales.

El sistema de inmigración de México es complejo y dinámico, moldeado por varios factores como su historia, geografía, economía y sociedad. México ha experimentado un panorama migratorio muy activo en los últimos años, pero sobre todo, una política migratoria fluida que ha variado según el país y la economía se han enfrentado a retos políticos y comerciales.

La relocalización de empresas de China y de otras regiones de Asia hacia México y Latinoamérica es una tendencia que se está consolidando. México tiene una posición privilegiada para aprovechar esta oportunidad, gracias a su ubicación geográfica, sus oportunidades de negocio y su participación en el T-MEC[35]. Para las empresas con operaciones de nearshoring en el norte de México, es fundamental entender la fluidez de la situación política y administrativa de México frente a la relación bilateral con Estados Unidos, y planear con anticipación para enfrentar los posibles retos que se presenten. Estos retos incluyen el cambio de gobierno, que podría generar políticas migratorias divergentes o conflictivas en ambos lados de la frontera, la escasez de recursos y la lentitud del Instituto Nacional de Migración para procesar las solicitudes de los trabajadores extranjeros que requieren las operaciones derivadas del nearshoring, y las posibles visitas de verificación, demoras y requisitos adicionales por parte de la autoridad migratoria. Por estas razones, es importante que las empresas estén informadas y actualizadas sobre las políticas y regulaciones de inmigración vigentes y futuras, y que se adapten rápidamente a cualquier cambio que pueda ocurrir. De esta forma, podrán asegurar el éxito de sus negocios.

La migración corporativa derivada del nearshoring en México es un fenómeno complejo y en constante evolución. Las empresas y los individuos involucrados en el nearshoring deben estar conscientes de las tendencias actuales y futuras de la inmigración en México, y deben estar preparados para adaptarse a cualquier cambio en las le-

---

35 G. Esquivel, (2023, 9 de abril). Retos y oportunidades del 'nearshoring'. *EL PAÍS México*. Recuperado en 07 de marzo de 2024, de https://elpais.com/mexico/2023-04-09/retos-y-oportunidades-del-nearshoring.html.

yes y regulaciones de inmigración. Al hacerlo, podrán aprovechar al máximo las ventajas que ofrece el nearshoring, al tiempo que minimizan los riesgos y desafíos asociados con la inmigración.

LA IMPORTANCIA DE LA POLÍTICA MIGRATORIA PARA EL NUEVO GOBIERNO DE MÉXICO EN EL CONTEXTO DE LA RENEGOCIACIÓN DEL T-MEC Y EL FUTURO PARADIGMA POLÍTICO

El Proceso Electoral 2023-2024 será reconocido como el más grande que ha tenido México. Se celebrarán elecciones federales y la concurrencia de las 32 entidades federativas[36]. A lo largo de la actual administración, se ha observado una estrecha alineación entre los poderes ejecutivo y legislativo; no obstante, se proyecta que el cambio de gobierno otorgará mayor independencia al legislativo, posiblemente brindando mayor libertad a los gobiernos locales.

Independientemente del resultado, no se espera que el Congreso refleje mayorías similares a las de 2018, y la alineación política podría ser menos pronunciada. La participación activa de la ciudadanía, en especial de la sociedad civil y el sector empresarial, se presenta como crucial para alcanzar una representación pluralista y autónoma. Las elecciones de 2024 introducirán dinámicas novedosas, planteando desafíos cruciales para el presidente recién elegido en áreas como asuntos fiscales, seguridad, pobreza y salud. Para fortalecer la democracia, la participación activa de la oposición, la sociedad civil y el sector privado resulta esencial.

En este contexto, la migración ha jugado siempre un factor crucial en la agenda y discusión política. La relación con Estados Unidos y el importante papel que juega la política migratoria en el norte de México para la relación bilateral es innegable. En la medida en que la economía mexicana pueda y se beneficie de la generación de puestos de trabajo y atracción de talento al norte de México, esto podría usarse como un elemento de negociación de incentivos para México

---

36 Instituto Nacional Electoral. (2024). *Elecciones 2024*. Recuperado en 07 de marzo de 2024, de https://www.ine.mx/voto-y-elecciones/elecciones-2024/.

y la industria en el norte del país por parte de Estados Unidos, así como concesiones por parte del gobierno canadiense en temas como normas de origen y cadenas de suministro en Norteamérica.

Esto es especialmente relevante pues no podemos pasar por alto el desafío que supondrá la renovación del T-MEC en 2026, ya que el nuevo gobierno en México deberá hacer frente a la posibilidad de cambios de liderazgo tanto en Estados Unidos como en Canadá. Esto exigirá una estrategia interna perfectamente alineada para priorizar los aspectos institucionales de la relación trilateral.

El mandato de Andrés Manuel López Obrador concluirá en 2024, dejando al país en una situación financiera más ajustada que al inicio de su mandato[37]. No obstante, el próximo presidente heredará una serie de oportunidades envidiables en medio de la continua "desvinculación" de Estados Unidos y China. México podría aprovechar esta oportunidad para insertarse ya no como el principal socio de intercambio económico, sino como la pieza clave en las cadenas de suministro de fabricación de semiconductores y otros bienes de alto valor agregado. La migración corporativa y la atracción de talento y mano de obra cualificada serán indispensables para fortalecer la relevancia de México en los procesos de producción y la economía regional.

En conclusión, la elección de 2024 en México se presenta como un punto de inflexión con cambios sustanciales en diversos niveles gubernamentales, implicando retos significativos para el nuevo presidente en áreas clave. La participación activa de la sociedad civil, el sector empresarial y la oposición se revela como fundamental para robustecer la democracia y garantizar una representación pluralista. Asimismo, la renovación del T-MEC en 2026 añade complejidad, requiriendo una estrategia interna bien coordinada para preservar la relación trilateral. Es imperativo reconocer que la migración irregular surgirá como un tema influyente que sin duda impactará el capital político de cada uno de los tres países, subrayando la necesidad de enfoques colaborativos y soluciones regionales para abordar este desafío.

---

[37] *Análisis Económico Ejecutivo, Actividad Económica, Tomo III*, Centro de Estudios Económicos del Sector Privado (CEESP), 2023.

Resumiendo estas ideas, la política migratoria es un tema de gran importancia para el nuevo gobierno de México, que debe enfrentar el desafío de la renegociación del T-MEC y el cambio de paradigma político en el contexto regional y global. La migración es un fenómeno que seguirá creciendo, y que puede ser utilizado como una herramienta de negociación o de cooperación entre México y Estados Unidos, dependiendo de las posturas y los intereses de cada país. Esto puede tener un impacto en las operaciones de nearshoring en México, que pueden verse beneficiadas o perjudicadas por las políticas y regulaciones migratorias que se establezcan. Por lo tanto, es fundamental que las empresas con operaciones de nearshoring en México que requieran personal extranjero cualificado se anticipen a los posibles escenarios que se puedan presentar, y que tomen medidas de contingencia, planifiquen y busquen medios para facilitar la migración corporativa, que es un factor clave para el desarrollo económico de ambos lados de la frontera.

RECOMENDACIONES FINALES

En este capítulo, hemos analizado las tendencias migratorias actuales en México, los desafíos y oportunidades que se presentan para las empresas, y las mejores prácticas a seguir para garantizar un proceso de inmigración fluido y conforme para los empleados y personas extranjeras. Basándonos en este análisis, algunas recomendaciones en el contexto de los posibles cambios en materia de migración en México son:

El registro de más de un representante legal en la constancia de inscripción de empleador

De previo ante la posible volatilidad en los tiempos de procesamiento, futuras visitas de verificación y eventuales cambios de criterio para la recepción y resolución de trámites durante el período de transición del gobierno Federal, es recomendable contar con la capacidad de actuar con agilidad y esto se logra por medio de la firma de un poder notarial a otros representantes que entonces figuren en la constancia de inscripción de empleador, incluidos los abogados.

Esto nos permitirá actuar como representantes legales ante el Instituto Nacional de Migración y presentar los casos de forma más eficiente. La inmigración mexicana requiere hoy en día firmas individuales "autógrafas" en todos los formatos de solicitud, lo que podría significar solicitar firmas en el sitio de la empresa de forma recurrente al representante legal. Estando autorizados en la constancia de empleador, los abogados también podrían completar audiencias y apoyar en las visitas al sitio de sus clientes, que son probables que ocurran en caso de que exista visibilidad del proyecto o bien exista un alto volumen esperado de viajeros y extranjeros en el sitio.

El poder para actos de administración a los nuevos representantes que se registrarán dentro de la Constancia de Inscripción de Empleador (CIE) con el Instituto Nacional de Migración debe ser otorgado y registrado con un Notario Público. Los abogados migratorios pueden proporcionar un borrador del texto del alcance del poder y la empresa normalmente procesaría esto con el apoyo de sus abogados corporativos. El riesgo de no hacer esto es que podría la empresa enfrentar retrasos en la coordinación de firmas y afectar los casos y tiempos de procesamiento en el supuesto que un representante se encuentre fuera y no esté disponible. Además, es una práctica común por parte de algunas oficinas del Instituto Nacional de Migración requerir documentos originales, entre ellos la identificación del representante, contar con varios representantes habilitados entonces simplifica la coordinación de estos requerimientos.

Presentación en distintas oficinas del Instituto Nacional de Migración para aquellas empresas que cuentan con operaciones en más de una Entidad Federativa

Otra recomendación que puede reducir considerablemente las demoras en temas de migración corporativa es el equivalente del "fórum shopping" (o elección de la jurisdicción más favorable) en casos en que la empresa cuenta con operaciones en más de una Entidad Federativa. Registrando los domicilios alternativos de la empresa al momento de actualizar la constancia de inscripción de empleador y entendiendo que el candidato, efectivamente estará basado o realizando actividades en esas locaciones se podría entonces realizar solicitudes en oficinas del Instituto Nacional de Migración que puedan resolver u otorgar turnos con aun mayor grado de agilidad.

Establecer una dirección registrada adicional por ejemplo en la Ciudad de México nos dará un "Plan B" para la ubicación de presentación dada la prolongada duración de los procesos en jurisdicciones que han experimentado una alta demanda de servicios por parte de los usuarios del Instituto Nacional de Migración. Esto no es un cambio de dirección fiscal u operación, solo un sitio de oficina adicional que dependiendo de cómo se presente, podría ser incluso un sitio remoto.

La Ciudad de México experimenta períodos de espera notablemente más cortos, con un promedio bastante menor a otras jurisdicciones para los procedimientos de inmigración. Y mientras podemos operar con otras oficinas como la oficina principal de presentación de las solicitudes, aprovechar una ubicación adicional de la Ciudad de México para asuntos urgentes o de altos ejecutivos acelerará nuestros procesos y garantizará una mínima interrupción de las operaciones debido a retrasos relacionados con los tiempos de procesamiento o el otorgamiento de turnos para presentación. El riesgo de no hacer esto es que una oficina local del Instituto Nacional de Migración pueda en un momento concreto, estar saturada con las solicitudes debido a fenómenos como el nearshoring y la alta demanda de solicitudes de residencia.

A modo de ejemplo, el número de peticiones ante el Instituto Nacional de Migración en Monterrey ha aumentado en los últimos años y existe un riesgo razonable de que el gobierno enfrente retrasos a medida que transicionan durante 2024 a un nuevo gobierno federal, poniendo presión adicional sobre la ya ocupada oficina del Instituto Nacional de Migración en Monterrey. Una dirección de presentación alternativa en la Ciudad de México en caso de que los retrasos en el procesamiento en Monterrey se vuelvan significativos es aconsejable por contar con mayor capacidad de procesamiento.

Planeación anticipada para la actualización anual de la constancia de inscripción de empleador y ante una posible visita de verificación

Planear con antelación y de preferencia, ingresar la solicitud anual de actualización de la constancia de inscripción de empleador por haber cumplido con la obligación de presentación de la declaración anual de impuestos sumará de forma positiva en los tiempos de procesamiento, evitando posibles demoras en la tramitación de otros procesos.

Esto asegurará que la empresa cumpla con las regulaciones de inmigración y pueda patrocinar permisos de trabajo para sus empleados. Todas las empresas en México que buscan patrocinar permisos de trabajo remunerados necesitan una constancia de inscripción de empleador válida, que luego debe actualizarse anualmente con las declaraciones de impuestos anuales de la empresa para el período anterior (año fiscal). Estos vencen en México el 31 de marzo de cada año.

Las solicitudes de cambios de representante legal (inclusión o eliminación), direcciones adicionales, cambios de nombre, cambios de tipo de empresa y otros deben presentarse junto con la actualización obligatoria anual para evitar costos adicionales y reducir la cantidad de tiempo durante el cual el Instituto Nacional de Migración no aceptará solicitudes de inmigración en nombre de la empresa mientras se analiza la actualización del registro de empleador. El riesgo de no hacer esto es que podemos enfrentar multas o suspensión de nuestro registro de empleador, lo que afectaría la capacidad para presentar y procesar solicitudes de inmigración.

El Instituto Nacional de Migración dependiendo de la época del año y la oficina de representación de que se trate deberá procesar la solicitud, tiempo que varía y durante el cual debemos planificar el procesamiento retrasado de las solicitudes de visa u otros procesos si presentamos al mismo tiempo la actualización de la constancia de inscripción de empleador. Se recomienda presentar la actualización de la constancia lo antes posible para evitar cualquier interrupción de nuestras operaciones de inmigración.

Es importante planear ante una posible visita de verificación del INM a una empresa porque esta puede tener consecuencias legales, administrativas y operativas para la empresa y sus empleados extranjeros.

Según la Ley de Migración y su Reglamento, el Instituto Nacional de Migración puede realizar visitas de verificación para comprobar que los extranjeros que se encuentren en territorio nacional cumplan con las obligaciones previstas en dichos dispositivos legales. El artículo 92 de la Ley de Migración (*Tmx 256779*), establece lo siguiente: "*El Instituto realizará visitas de verificación para comprobar que los extranjeros que se encuentren en territorio nacional cumplan con las obligaciones previstas en esta Ley y su Reglamento*".

Estas visitas pueden ser aleatorias, sin previo aviso, y sujetas a los criterios del INM. Si la empresa no atiende la visita o no cuenta con la documentación requerida, el Instituto Nacional de Migración puede suspender la constancia de empleador de la compañía, lo que implica la pausa de cualquier proceso migratorio en curso hasta que se regularice la situación. Además, los empleados extranjeros pueden enfrentar un mayor escrutinio en el puerto de entrada o incluso ser sujetos a rechazo de ingreso a territorio nacional. Por lo tanto, es fundamental que la empresa cuente con el apoyo de abogados especialistas que puedan dialogar con los visitadores del INM, defendiendo siempre el interés de la empresa y del extranjero. Así, se podrá evitar excesos por parte de la autoridad migratoria y garantizar una experiencia de inmigración fluida y conforme para los trabajadores extranjeros.

Al implementar estas recomendaciones, es posible anticipar que la empresa estará bien preparada para manejar los desafíos y oportunidades de inmigración en México, y brindar una mejor vivencia para sus empleados extranjeros.

CONCLUSIÓN

En conclusión, el nearshoring y el T-MEC son dos tendencias que están transformando la migración corporativa en México, ofreciendo oportunidades y desafíos para las empresas y los trabajadores extranjeros. El cambio de gobierno y el nuevo acuerdo comercial implican cambios políticos y regulatorios que pueden afectar las operaciones de nearshoring en el norte de México, así como la movilidad y el bienestar de los empleados extranjeros.

Por lo tanto, las empresas con operaciones de nearshoring en México que requieran personal extranjero cualificado deben planear estratégicamente y anticiparse a los posibles escenarios que se puedan presentar en el futuro cercano de México, para aprovechar las ventajas y minimizar los riesgos que conlleva esta tendencia. De esta forma, podrán contribuir al desarrollo económico, social y ambiental de México y de la región.

Bibliografía

Análisis Económico Ejecutivo, Actividad Económica, Tomo III, Centro de Estudios Económicos del Sector Privado (CEESP), 2023.

Burgoa Orihuela, Ignacio, *El Juicio de Amparo, México,* Porrúa, 2009.

Castrejón García. Gabino Eduardo, *Medios de defensa en materia administrativa y fiscal,* Cárdenas Velasco Editores, México, 2006.

Chávez Castillo, Raul. *El ABC del juicio de amparo conforme a la nueva ley,* Porrúa, México, 2022.

Estadísticas Migratorias Síntesis 2023, Unidad de Política Migratoria, Registro e Identidad de Personas, Secretaría de Gobernación, 2023.

Estadísticas, Población Mexicana en el Mundo 2021, Instituto de los Mexicanos en el Exterior. SRE. 2021.

Fraga, Gabino, *Derecho Administrativo,* 40ª ed., México, Porrúa, 2002.

Galindo Camacho, Miguel, *Derecho administrativo, Tomo II,* Porrúa, México, 2003.

Galindo Quiñones, Heriberto y Coral García, Emilio, *Drama y Odisea de la Migración Mexicana,* Biblioteca Nueva, 2021.

Glosario de la OIM sobre Migración, Derecho Internacional Sobre Migración, OIM / ONU Migración, 2019.

Granados-Alcantar, José Aurelio y Franco-Sánchez, Laura Myriam, Migración y movilidad laboral entre las zonas metropolitanas de la región centro de México. *Papeles de población,* Vol. *23* Núm. 9, 2017

Lara Lara, Jaime, "Ingresos Laborales en México y Estados Unidos para migrantes temporales", *Migraciones Internacionales,* Vol. 9, Núm. 1, El Colegio de la Frontera Norte, CONAHCYT, 2017.

Margain Manautou, Emilio, *El Recurso Administrativo,* Porrúa, México, 2013.

McAuliffe, M. y Triandafyllidou, A., *Informe sobre las Migraciones en el Mundo 2022,* Organización Internacional para las Migraciones (OIM), Ginebra, 2021.

Ramírez Chavero, Iván, *Derecho Procesal Administrativo,* Flores Editorial, México, 2019.

Reporte Analítico, Información de Ingresos y Egresos por Remesas, diciembre de 2023, Banco de México, 2023.

Ruiz García, Laura, *El derecho migratorio en México,* Porrúa / Instituto Internacional del Derecho y del Estado, México, 2005.

Sandoval, Juan Manuel "70 años del Programa Bracero", en *Revista de Historia Internacional del CIDE,* Año XIII, Número 52, México, 2013.

V. Negro, Virginia *Manual Informativo Desafíos y oportunidades en la contratación de personas migrantes en México,* OIM ONU Migración, 2019.

Varios, *Diccionario de derecho jurídico mexicano,* Tomo III, México, UNAM, 2005.

Welti Chanes, Carlos, "El futuro de la ley general de población en México y el embate a los derechos reproductivos", *Hacia una nueva Ley General de Población,* Serie Doctrina Jurídica Núm. 678, Instituto de Investigaciones Jurídicas UNAM, 2013.